KB216728

남을 가져야 산다

남을 가져야 산다

지은이	신용교
초판발행	2018년 1월 2일
펴낸이	배용하
책임편집	이승호
등록	제364-2008-000013호
펴낸곳	도서출판 대장간
	www.daejanggan.org
등록한곳	대전광역시 동구 우암로 75-21 (삼성동)
편집부	전화 (042) 673-7424
영업부	전화 (042) 673-7424 전송 (042) 623-1424
분류	기독교	신앙	에세이
ISBN	978-89-7071-432-5 03230

이 책은 저작권법에 의해 보호를 받는 출판물입니다.
기록된 형태의 허락 없이는 무단 전재와 복제를 금합니다.

 값 10,000원

가정과 직장과 교회에 충실하셨던 아버지
그렇게 건강하셨고 건강만큼 자상하셨던 아버지
어머니와 삼남매를 품어 주시고 헌신하셨던 아버지
예고도 없이 갑자기 하늘로 떠나셔서
남은 가족은 너무나 힘들었지요
하지만 주셨던 그 기억들로
저희는 행복합니다

신용교 신앙에세이

남을 가져야 산다

차례

행복

스트레스

믿음

건강

에필로그

프롤로그
야물딱진 개독교 칠칠맞은 기독교

산다는 것을 다른 말로 표현하면 그건 '기억'한다는 것이 될 것 같다. 기억하고 있는 많은 것 중에는 오래 간직하고 싶은 '행복'의 기억도 있겠지만, 당시 받았던 '스트레스'로 인해 잊어버리고 싶은 기억도 항상 같이 하기 마련이다. 그러면서도 꿈을 잃지 않고 미래에 이루고 싶은 기억을 '믿음'이라는 이름으로 영혼 속에 자주 각인하면서 살아가고 있다. 그리고 이런 말을 자주 하곤 한다. 하지만 '건강'이 최고라고… 그래서 이 책은 기억, 행복, 스트레스, 믿음, 건강의 순서로 전개된다.

모든 글의 바탕에는 청렴한 기독교인으로 성장하고자 했던 몸무림이 깔려 있다. 또한 그런 몸무림을 무의미하게 만들었던 현 사회에 전반적으로 퍼져 있는 기독교에 대한 비판적 시각이 같이 존재한다. 어린시절엔 없었던 '개독교'라는 명칭이 바로 그것이다. 이런 비판적 시각을 무조건 기독교인이 당해야 하는 핍박이나 환란으로 해석하면서 기독교는 더 개독교스러운 모습으로 변질됨을 지켜보

앗다.

하나님의 자녀라는 해석을 황제의 왕자로 착각하기 시작하면 기독교는 세상보다 못한 존재감으로 타락되어 간다. 그렇게 되면 기독교는 개독교라는 야물딱진 종교로 변화되어 버린다. 모든 이권과 이윤획득에서 결코 지는 법이 없는 훌륭한 생존전략가로 변신하게 됨을 의미하는 말이다. 그 결과로 얻은 모든 것을 하나님의 은혜라고 하면서 그 교만함을 교묘하게 하나님께로 돌려버린다. 또한 개독교는 그 이권과 이윤을 비판하려고 하는 다른 집단에 대해서는 마녀사냥을 하듯 신랄한 복수로 마치 자신이 하나님이 된 듯 그들을 정죄하면서 자신의 영역을 확고히 고수하는 데에 실수하는 법이 없다. 정말로 야물딱지게 자신의 영역을 지켜내고야 마는 타고난 생존가 임에 틀림이 없다. 이런 의미에서 개독교는 야물딱진 종교이다.

어감과는 달리 '칠칠맞다'는 사실 좋은 의미로 쓰이는 말이다. '칠칠맞지 못한 것'이 부정적인 뜻으로 쓰이는 정확한 표현이다. '칠칠하다'는 그 사전적 정의가 "성질이나 일 처리가 반듯하고 야무지다"를 뜻하는 좋은 말이다. 세상의 관점에서 바라볼 때에는 비록 칠칠맞지 못하게 답답한 원리를 따르는 한심한 집단으로 오해 받는다 하더라도, 선한 원칙을 내면에 담고 겸손함과 청렴함으로 끈질기게 버티고 있으면 되는 것이다. 그러니까 기독교는 그런 이상적 삶을 통해 사회속에서는 칠칠맞지 못하게 보일지라도 사실은 그것이 칠칠맞는 행동이 될 수 있다라는 역설적 표현이다.

따라서 '야물딱진 개독교와 칠칠맞은 기독교'는 눈에 보이는 뜻과 실제적인 뜻의 차이를 통해 크리스찬의 현재 모순과 미래의 희망을 보이고자 한 것이다.

하지만 이 글은 논리적 전개에만 초점을 맞추고 쓴 글은 절대 아니다. 이 글은 수필을 작성했던 그 당시 상황이나 마음 상태에 따라서 어떤 글은 존칭으로 또 어떤 글은 비존칭으로 쓰여지면서, 소소한 생활의 그림자 속에 담긴 하나님에 대한 추억과 삶의 이유를 그저 발버둥치는 심정으로 때론 주장하고 때론 한탄하였다. 대한민국 현대사에서 386세대 후발주자로 성장하면서, 386세대의 처절했던 사회적 투쟁이 급격히 X세대의 독특한 낭만으로 변화하는 것을 지켜보면서, 어느 새 미국땅에 삶의 둥지를 틀어버린 고독한 이민자의 생활이 이 글의 숨결을 이루고 있다.

원래는 기독교였다. 잠시 개독교의 시대가 있었지만, 짱독교가 되는 그날을 바라보면서….

기 억

기억과 망각을 선택적으로 잘 사용할줄만 안다면
이 세상은 견디어 낼 만한 놀이동산이다

몽상스러움

어릴적 낮잠에서 깨어나 주변을 살펴보았을 때
아무도 없는 것을 알고 두려움에 엉엉 울며 엄마를 찾았던 그 기억
그런 기억이 바로 몽상스러움이다

옛날엔 토요일에도 학교에 갔어야 했다. 초등학교 입학에서부터 고등학교 졸업까지 단 하루도 결석, 지각, 조퇴 없이 12년을 한결같이 그 많던 수업을 지켜낸 것이 그리 대단하지 않았던 시절이었다. 일주일에 단 하루 일요일에만 늦잠을 잘 수 있었던 그때였지만 교회의 예배에 참석하기 위해서는 그 단 하루의 늦잠도 녹록지 않았던 새 나라의 크리스천 어린이로 살아갔던 그 옛날….

아마도 공휴일 아침 아니면 교회에 출석하지 않았던 일요일 아침이었을 것이다. 칠 팔 세 정도로 짐작만 된다. 흙 하나 없었던 조그마한 콘크리트 마당을 통해 마루로 올라오려면 성문처럼 경계를 이루었던 간유리가 크게 붙어있던 미닫이문을 통과했어야만 했다. 그날따라 그 미닫이문이 유난히 슬퍼 보였다. 그 어린 나이에 느낄 수 있었던 슬픔이란 것은 숨겨놓은 사탕 하나를 형한테 빼앗기거나 좋아하던 장난감이 망가지는 정도였을 텐데 그 슬픔의 느낌을 처음

경험하는 어린아이의 심정은 난해했다.

그 나무로 만들어진 미닫이문 때문만은 아니었다. 사실 그 문에 비친 햇살 때문이었다. 분주히 학교수업에 몰두하거나 최선을 다해 예배를 드렸던 그 상황에선 전혀 알 수 없었던 한가로운 영혼의 자유. 맑은 오전에 한적한 감각 속으로 투영돼 버린 그 푸르른 눈물 같은 아침 햇살…. 비스듬히 대청마루 한 자락을 품어버린 파릇한 온기가 이글대면 이유 없는 서글픔이 여린 정신을 지배해 버린다. 점령당한 그 난해함이 어린 가슴을 울렸다. 그때부터 시작된 기억이었다.

사십 년이 지나 세 아이의 아빠가 되어버린 지금도 난 변함없이 이 슬픔을 여전히 느끼고 있다. 삶의 이유를 온돌처럼 느끼게 해 주는 온화한 서러움.

어느 순간 그 아침 햇살 속에서 난 창조자의 섬세한 손길을 느끼게 된다. 창조자의 흔적을 조그맣게라도 느끼기에 그분께 삶의 이유를 넌지시 물어도 보게 된다. 난 지금 언어로 정의할 수 없는 기도를 햇살을 매개로 하여 드리고 있는 것이다.

그 햇살이 그토록 눈부시게 서글퍼 보였던 까닭은 언어를 통하지 않은 채 나의 영이 쉬지 않고 창조자에게 나의 까발린 영의 모습을 그대로 마구 전달했기 때문이다. 의식으로 속박되지 않은 채 그냥 존재하고 있는 나의 벗겨진 영은 바로 슬픔이고 아픔이며 모순된 세상으로의 한숨이다. 예외 없이 반복되는 인간의 존재론적 의문에 지쳐버렸던 까닭에 햇살도 그토록 울고 있었던 것이다.

하지만 그 햇살이 그토록 눈물 나도록 따뜻했던 것은 침묵하시는 절대자의 일방적 간섭이 내 영을 늘 감싸 안았기 때문이다. 이것은 그 이유를 찾기 힘든 안식하고 있는 내 영의 흔적이다. 나의 동의를 구하지 않은 절대자의 호흡이 나의 전신을 가득 채우게 되면 따뜻한 물 속에 담긴 지친 육체의 나른함으로 온몸에 녹아나는 생기를 난 만끽하게 된다.

햇살은 이런 이중적 난해함을 함유한 훌륭한 창조물이다. 왜, 고대인들은 이런 햇살의 창조자를 찾기보다 눈에 보이는 태양 자체를 그냥 숭배해 버렸던 것일까? 그가 햇살을 만든 이유를, 나는 그 한가한 오전을 통해 초봄에 다시 돋아나는 여린 연둣빛 잎새 같은 심정으로 절감하고 있다.

어린 시절부터 자주는 아닐지라도 잊지는 못할 만큼 이따금 반복되어 온 그 몽상스러운 기억. 그 기억은 나의 영혼에 뿌리내려 급기야 내 영혼의 일부가 되어 버렸다. 헤매는 듯 꿈을 꾸며, 절망한 듯 날개를 펼치는 첫사랑과도 같은 태고의 기억 속엔 창조자와 나만 알고 있는 평안과 기도가 숨결처럼 들어 있다.

세상에 살 동안에는 그냥 이 순간처럼….

마징가 추억

왜 방송국이 그때에는
일본만화영화를 수입한 것이라고
분명히 말하지 못했을까

우리가 마징가를 보고 즐거워했던 그 시절은 '6백만불의 사나이'
와 같은 사이보그 인간이 가능할 것처럼 보였던 시절이었다. 아폴
로호가 달에 착륙하는 그런 시대인데 그까짓 마징가쯤 대통령이 마
음 먹고 만들라고 명령하면 못 만들 이유가 없다고 생각했던 순진
함 가득한 시절이었다. 당시 난 쇠돌이 같은 조종사를 모집한다면
꼭 응시해 보겠다고 다짐하면서 '태권도'도 열심히 배우고 부모님
께 졸라 '무전기'도 사서 연습도 하고 그랬다. 마치 산에 몰래 들어
가 무술을 연마하듯, 이 모든 것이 쇠돌이가 되기 위한 나만의 연습
이었다.

그리고 아주 오래 전 세 아이의 아빠가 됐다. 세상살이에 이리저
리 휩쓸리다 보니 쇠돌이가 되겠다는 그 집념은 마음 한 구석 어딘
가 속에 파묻혀 버리고 말았다. 그리고 20년 넘게 미국이라는 나라
를 생활의 터전으로 삼고 나름의 행복을 주장하며 삶과 투쟁하고

있는 중이다.

미국… 자동차를 만들 수 있는 나라들은 꼭 한 번 진출하여 자국의 자동차를 팔기를 원하는 거대 시장이다. 난 이 자동차의 나라에서 마징가를 타보기도 하고 조종해 보기도 한다. 진짜 마징가는 물론 아니다. 이 마징가는 바로 일본 자동차를 의미한다. 갑자기 초합금 로보트 마징가가 한낱 교통수단에 불과한 자동차로 격하 되고 만 느낌이다. 그러나 일본의 자동차는 그들이 만들어낸 마징가의 꿈을 여실히 보여주고 있다.

일본에서 마징가 만화영화를 제작했던 세대들은 현재 미국 시장에서 인정받는 일본차를 만들었던 그 세대와 일치한다. 그리고 마징가를 보고 꿈을 키웠던 세대들은 지속적으로 대학에서 공학전문가로 배출되고 있다. 일본 자동차의 제품 경쟁력과 기술적인 우위는 바로 그 세대들이 이루어 낸 다른 모습의 마징가인 것이다. 현실속에 나타난 사실상의 마징가이다.

일본 자동차의 디자인 개념은 마징가의 모습을 연상시키기에 충분하다. 자동차에는 팔다리가 없지만 일본 자동차의 만화같은 디자인의 이유가 바로 마징가를 통해 확인이 된다. 기술 경제 대국이라 자부하는 일본은 그들의 모습을 이렇게 세상을 향해 외치고 있었던 것이다.

이럴 때마다 나는 고민에 빠지곤 한다. 어릴 적 마징가가 우리나라에서 만든 작품인 줄로 알았다가 나중에 일본 만화라는 사실을 알고나서 느꼈던 그 커다란 충격! 비하해서 말하자면 "자기를 키워

준 부모가 알고 보니 자기의 친부모를 죽인 원수였다"라는 그런 소설속의 이야기같은 배신감 말이다. 386세대 후발주자로 태어나 지금까지도 '반공애국시민', '친일파 타도'와 같은 개념에 아주 익숙한 나로선 일본 제국주의 자들의 것을 우리 것으로 오인하고 좋아하고 감탄하고 그랬으니 이것이 나에겐 아픔과 창피함이 되어 버렸던 것이다.

하지만 세월은 흘렀다. 그 뒤로 한국은 세계에서 몇 안되는 자동차 엔진 기술 보유국으로 변모했다. 나아가 일정 부분에서는 이미 일본차를 따돌려 버렸다. 당당히 세계 5위의 생산체제를 갖춘 자동차 강국이 되었다. 치열한 세계 경쟁의 틈바구니속에서 힘들게 바톤호흡을 하던 한국이 세계시장에서 기술, 철학적 우위를 차지하고 있는 중이다.

역시 마징가를 보고 자라난 한국의 세대들이 이루어 놓은 경제, 공학적 결과물이다. 당시엔 '태권브이'라는 만화영화도 있었다. 마징가와는 달리 한국에서 만들어진 당당한 한국 만화영화로서 상당한 인기를 차지했었다. 우리 세대들에겐 이름만 들어도 금방 고개를 끄덕이는 '김청기'감독 작품이었다. 김청기감독은 가능한 한 일본의 마징가를 베끼지 않으려고 노력하면서 태권브이를 만들었다고 이야기했다. 하지만 그 아이디어나 기본 도안은 거의가 다 마징가에서 유래됐다. 김청기감독의 후기 작품도 역시 변화해 가는 일본 만화영화를 많이 모방하였다.

마징가 추억속에 담긴 그 세대들의 흥분과 즐거움에는 한국과 일본이라는 나라를 세계속에 자동차 강국으로 성장시킨 숨겨진 공로가 담겨있다. 어릴 적 형성된 감동은 평생의 인생 방향을 결정한다.

그리고 이런 마징가 추억은 또다른 세계로 진보해 나갈 것이다. 먼 훗날, 자동차뿐 아니라 정말 꿈같은 일이 벌어져 우리의 자손들은 만화가 아닌 실제하는 마징가를 자신의 아들의20세 생일날 선물로 안겨 줄지도 모를 일이다.

선물을 전해 줄 때는 단지 제트파일더의 조종석 열쇠를 예쁜 상자에 담아 아들 주머니에 쏙 집어 넣기만 하면 된다.

덜레스공항

일년에 서너번 정도
덜레스공항 (통상 이야기하는 워싱턴 DC 공항) 에 갈 일이 생긴다
공항에 갈 때마다 느껴온 이 버릴 수 없는 감정

넓지만 미로 같은 이 공항을 걷다 보면 난 그냥 수많은 인종 가운데 유난히 그 얼굴이 비교되게 납작한 한 동양인일 뿐이다. 각 인종 중에 얼굴은 갸름하면서 하체는 월등히 긴 금발 머리의 코카시안 여자가 나를 추월하며 가다가 뭐가 미안했는지 한 번 살짝 웃고는 더 빨리 지나가 버린다. 이 여성의 깨끗한 치아가 한동안 잔상으로 남았다. 그 뒤로 깔끔하게 몸에 달라붙는 격식 없는 정장 차림으로 말끔하게 턱수염을 정리한 한 라틴계 남성이 눈에 들어왔다. 사십 초반으로 보이는 이 남성은 유행하는 옷차림으로 볼 때 외모에 자신감을 피력하듯 사뿐사뿐 내 시야에서 사라졌다. 그러다 갑자기 누가 봐도 영락없는 한국 사람이 근거리에서 날 쳐다보고 있다는 걸 알게 됐다.

그 눈빛이 나와 너무도 닮았다. 날 한국 사람으로 확신하고 쳐다보는 그 눈빛 말이다. 역시 우린 납작하고 짧았다. 풍기는 연륜의

몸 매무새를 보니 분명 저 사람도 나와 같은 386세대임에 틀림이 없다.

이런 다양한 인종은 가까운 쇼핑몰에 가도 볼 수가 있다. 하지만 쇼핑몰과는 달리 공항에 와야만 느낄 수 있는 독특한 감정이 있다. 거의 예외 없이 공항에 올 때만 느껴지는 이 감정의 실체가 늘 궁금했다. 다양한 인종 사이에서 느껴지는 세계화에 대한 성공하고 싶은 욕망일까? 생전 처음 부모님을 떠나 유학생활을 해야 했던 그 옛날의 두려운 기대감의 연장일까…. 마음 저 한구석에 뜨겁게 자리잡은 눈물 나도록 비장한 이 감정의 실체가 결코 싫지가 않다. 도대체 무얼까? 공항에 올 때마다 날 행복한 서러움에 빠지게 하는 이 감정의 근원이 말이다.

어린 시절부터 우린 습관처럼 떠남을 준비하면서 살아왔다. 소속된 곳이 바뀔 때마다 그곳의 가치에 따라 떠나는 사람과 만나는 사람과의 묘한 서글픔과 설렘이 있었다. 무모하게 고토를 떠난 아브라함과 이후 구름기둥과 불기둥만을 방향 삼아 일상같이 떠난 이스라엘 민족도 있었다. 난 이미 고국을 떠나 이 땅 미국에 터전을 내렸지만, 어디에 있든 우리는 누구도 예외 없이 이 삼차원 공간의 삶을 언젠가는 떠나야만 한다.

몸을 싣고 어디론가 날아가 버려야 하는 서글픈 희망으로 가득 찬 덜레스공항…. 이 공항의 공기가 내 몸을 감싸게 되면, 우리 영혼의 궁극의 떠남을 예시 받는 듯하다.

그 이후에 펼쳐지는 절대자와의 만남을 우리는 인식과 상관없이 늘 그리워하며 살아가고 있는 것은 아닐는지, 그 알 수 없는 미지의 세계에 대한 그리움이 우리의 유전자 속에 너무 오랫동안 찾지 않은 savings account로 존재하기 때문은 아닐는지….

꿈꾸는 자

꿈을 도마위에 올려 놓았다
그 꿈을 칼로 난도질 하기 시작하면
비로소 그 때 창피함 속에 고개를 든 솔직함을 배울 수가 있다

난 매일같이 꿈을 꾼다. 졸린 눈을 비벼 뜨며 일터로 나가기 위해 귀찮은 몸단장을 해야 하는 그 시간부터, 당장 내일 해결해야 할 산더미같은 투쟁의 삶을 두뇌 속에 고스란히 담고 잠자리로 향하는 그 순간까지 난 지속적으로 꿈을 꾼다. 때론 차 한잔을 손에 들고 구석진 어느 벤치에서 이름없는 지친 세일즈맨처럼 식사 대용으로 차를 마시면서도 꿈을 꾸고, 때론 교통정체로 인한 짜증 속에서도 자동차의 에어컨만 잘 작동된다면 그 시원한 바람속에서도 나는 꿈을 꿀 수 있다.

말이 좋아 꿈이지, 사실은 정의의 수호자가 되어 인류를 구하는 소년같은 공상속에 빠지기도 하고, 불의에 항거하다 생을 마감하는 열사의 삶을 공감하다 그만 혼자 눈시울을 적실 때도 있다. 하지만 꿈 중에서도 가장 달콤한 꿈은 역시 상상을 초월하는 대박 복권에 당첨되는 꿈이다. 있지도 않은 돈을 어디에 쓸까 목록을 나열하

면서 근거 없는 희망에 삶이 즐거워 지기조차 한다.

그 무한한 꿈들의 대부분은
이루어지지 않았다. 아니 그 꿈
때문에 현실감을 잃고 인생이
더 초라하게 느껴질 때가 많다.
더 선망을 받고 더 가진 게 많은
인물이 되는 상상 속에서 난 누
구도 부럽지 않은 존재가 될 수
있지만, 현실과의 차이를 메꾸
기 위해 부지런히 그 차이만큼
변명을 찾고 발버둥치는 나의 자아를 곧 발견하고야 만다. 마침내
내 삶의 대부분의 이유가 이런 몸부림에서 동기부여 됐다는 사실을
부인할 수가 없게 되어 버리면, 순수했던 그 꿈은 순간 불온한 것으
로 탈바꿈한다.

삶의 위로와 희열을 안겨주었던 소중했던 그 꿈들…. 어느 순간
부터 난 그 꿈들을 상상하기보다 포기하기 시작했다. 이런 포기가
삶을 버텨내기에는 그리 도움이 되지 않는다는 것을 알면서도, 싫
증나고 질려버린 조미료의 맛처럼, 삶은 나에게 자꾸 새로운 꿈을
강요하고 있었다.

무엇이 내 삶을 살만하게 만들 수 있을까? 가족일까, 관계일까,
아님 고독일까….

모순되게도, 난 그것을 찾아 오늘도 꿈을 꾸어야만 한다. 그 방법을 찾는 것이 새로운 꿈이 되어 버린 지금, 내 삶이 견딜만하게 지치고 쓸만큼 궁핍하며 누리면서 곤혹스러운 그 삶의 해결책을 찾아 더욱 더 부지런히 꿈을 꾸어야만 한다. 그 방법을 찾게 되리란 보장은 없을지라도 그래서 또 한번 좌절할지라도, 그동안 포기해왔던 많은 꿈들을 통해 이미 나에겐 단단한 멧집이 내공으로 형성되었으니 또 견딜 만 할 것이다.

삶은 나에게 자꾸 이렇게 말하려 한다. "결과에 초연하고 과정에 의문을 품어라"라고 말이다.

결과가 전부인 것처럼 보이는 이 공간의 삶 속에서 나는 다시금 꿈꾸는 자가 되었다. 이런 초연한 꿈을 품을 수록 세상은 나를 더 외면하며 정죄할 지 모른다. 하지만 상식처럼 모든 사람들에게 늘 강요되는 '삶의 업적'을 우선 순위에서 조금은 뒤로 몰아내고, 그로 인해 스며드는 실패의 두려움을 막아내며, 대신 그 공백을 '삶의 본질'로 메꿀 수만 있다면, 내 인생은 만물과의 조화를 영혼으로 만끽할 수 있는 인식의 축복을 누릴 수 있을 것이다.

응사에서 미생으로

수년 전 종영된 인기작 '미생'
그리고 그 전 히트작 '응답하라 1994'
이 두 드라마 제목을 합쳐서 '응사에서 미생으로'라고 해보니

이 두 드라마는 우리의 성장과정을 배경으로 하여 당시의 사회상을 정확히 잡아내면서 사회적인 이야기 거리를 만들어내는 아주 흥미로왔던 드라마였지요. 사실 우린 '응사로 준비하고 미생으로 마무리'하면서 세상을 살아가고 있는 셈입니다.

"응사로 준비한다"는 말은 대학생으로 인생의 준비작업을 마치겠다는 의미입니다. 고졸 이하로는 경쟁력이 없으니까요. 그리고 "미생으로 마무리하겠다"는 건, 대기업에서 승진하여 고액연봉을 받는 간부로 인생을 마무리하겠다는 의지인 겁니다. 여기엔 절대숙명의 과제가 있습니다.

응사로 준비를 잘 하기 위해선 본인의 유전적 역량도 필요하고 동시에 환경을 조성하는 부모의 역할이 없어서는 안되겠죠. 시험으로 평가받는 세상이니 시험성적이 거의 전부라고 할 수 있습니다. 그래서 선행학습은 필수가 되어 버렸습니다. 남보다 먼저 공부하

면 남보다 좋은 성적을 받을 가능성이 아주 커지기 때문이죠. 그러니까 '응사로 준비'를 잘 한다는 것이 곧 선행학습에 목숨을 거는 사회상이 되어버린 그 이유가 되는 것입니다.

일단 대학에 들어가면 모든 것이 순조롭게 결정될 것이라 생각한 부모님들이 선행 학습에 모든 것을 걸다가, 그만 스스로 공부할 수 없는 지적 나약자를 대거 양산한 결과, 이제는 석사논문도 과외를 받는 세상이 되어버렸습니다. 대필자의 논문을 사면 윤리적 문제가 발생하니 할 수 없이 논문을 쓰기 위해 과외선생이 필요한 시대가 되어 버린 겁니다. 이건 꼭 '후행 학습'처럼 보이는 군요. 어려서부터, 선행의 절대과제인 시간절약을 위해, 잘짜여진 내용을 명강사를 통해 빠르고 쉽게 얻었으니, 이로 인한 사고력의 부재를 충족시키기 위해서, 역시 잘짜여진 명강사를 통해 돈을 주고 그 방법을 배우고 검열 받는 것이죠. 지도 교수를 통해 받아야 할 수업을 따로 돈을 써가면서 외부인에게 지식을 사는 이 방법은 그간 초등학교시절부터 부모를 통해 늘 해왔던 일이니 그리 이상할 것도 없습니다.

이런 현상이 어쩜 명품제품을 걸치는 것과 그리 닮았는지 모르겠습니다. 명품이 그 사람을 평가한다는 생각처럼, 스펙이 그 사람을 평가할 수 밖에 없으니 당연히 그 스펙도 돈을 주고 사려는 행위인 거죠. 솔직히 말이에요.

'응사로 준비'는 결국 실질적으론 '선행 후행 학습'이란 말로 요약될 수 있겠군요. 그럼 잘 만들어진 '응사의 준비'는 종국적으로 잘 나갈 수 있는 '미생의 종결'로 연결되겠죠.

그런데 '미생'에서는 선행 후행 학습의 개념이 통하지 않을 것 같습니다. 대기업의 생리를 미리 선행 학습한다는 건 좀…. '미생의 마무리'는 아마도 줄을 잘 서는 것에 달려있는 듯 보입니다. 자기의 라인이 확실하면 그만큼 확실하게 승진하며 동시에 고액연봉으로 달려가니까요. 대기업의 줄서기는 생각보다 치열하며 처절하더군요. 대기업 내에서 발생하는 사원간의 치열함은 결국 기업과 기업끼리의 경쟁에서 그 근본 이유를 찾을 수 있겠지요. 나아가 그 기업을 품고 있는 국가와 국가간의 경쟁도 마찬가지일 것이구요.

치열한 경쟁 세상에서 이기는 경우보다 지는 일이 자주 반복 되고 서열로 평가받는 구조속에서 자신의 위치가 한없이 미약한 것으로 확정되어 버리면 한마디로 살 맛을 잃게 됩니다. 결국 이런 식으로 굴러가는 세상을 한탄하기도 하고 때론 자신이 잘나갔던 시절을 상기하며 현재의 모습을 변명하기도 하지요.

어느 누구도 경쟁으로부터 자유로울 수는 없을 거예요. 정도의 차이일 뿐 누구나 빠르고 확실한 방법을 찾아 발버둥치고 있으니까요. 서로 돈을 더 벌려고 하기 때문에 돈 버는 것이 어려운 것처럼, 누구나 남보다 먼저 가려고 하기 때문에 이런 모든 응사와 미생이라는 주제가 발생할 수 밖에 없는 것이지요.

이 두 드라마가 큰 인기를 끌었던 이유는 바로 우리 존재 (특히 한국이라는 사회) 의 이유에 대해서 그 본질적 접근을 솔직한 대사를 통해 적나라하게 묘사했기 때문인 것 같습니다. 군더더기를 잘

라내고 근원이 되는 사건들을 밀도있게 폭발시킨 작가의 접근에 탄성을 금할 수 없습니다.

모두가 그 이유로 삶을 살면서도 그 이유를 표면에 내세우기를 꺼려하며 그리고 내색하며 꺼려해야만 자신들의 삶이 신앙적이면서 우아해 보일 수 있으니, 여기에 우리의 아픔이 있는 것 같습니다. 그래서 이 드라마를 보면 그런 본질적 문제에 폭로된 자신들의 자아를 발견할 수 있으며 그것이 재미와 분노로 표출되며 그 표출만큼 시청률도 폭등한 것 같습니다.

투쟁의 현장

인생은 돈과 평판을 펼쳐 두고
누가 더 많이 가져가는지
지켜보는 게임

1. 외판원의 힘겨운 삶

힘겨운 삶을 이어가기 위해 책을 팔고 다니는 외판원을 비하하려는 것은 절대 아니다. 단지 어릴 적, 손에 잔뜩 팜플렛을 들고 명작동화 전집이나 백과사전 세트를 마치 자녀들의 미래를 담보로 하여 부모들로 하여금 꼭 소장하게 만들어야 하는 그들의 고단한 삶의 기억이 떠오른 것뿐이다.

가끔은 내가 지금 그렇게 살아가는 듯 느껴질 때가 있다. 주어진 강의 스케줄에 따라 그날 가르칠 내용을 담은 복사된 종이를 마치 팜플렛처럼 들고, 대여섯 대학을 정신없이 다니면서 난 학생이란 이름의 소비자들에게 강의를 팔고 다니고 있다.

강의를 통해 학생과 내가 서로 깊은 교감을 형성하며 지식의 공유가 즐거움으로 승화되면, 백권짜리 전집을 팔고 나오는 듯 마음 한 구석이 뿌듯하다. 계속 살아갈 수 있는 힘이 영혼 속에 충만해지며 그 삶의 역동이 날 진동시킨다. 내 영혼이 온천욕을 하고 난 직후의 느낌이다. 집에 밤늦게 돌아와도 피곤치가 않다. 간혹 내 손에 들려 있을 사탕 한 봉지를 기다리는 아이들의 시선이 마냥 행복하기만 하다. 이 행복한 느낌을 지속시키기 위해 난 내일 팔 물건을 또 몇 장의 복사용지에 담아 내일이면 또 그렇게 집을 나설 것이다. 이렇게 살아간 지 10 년이 되어간다.

10년이 되도록, 나의 비지니스의 터전은 주로 학교다. 소비자들은 학생이지만 그렇다고 내가 비지니스의 주인은 아니다. 주인은 따로 있다. 나에게 그 터전의 기회를 준 대학의 이사장들이 바로 그 주인들이다. 그 주인과 소비자 사이에 끼인 상태로 양쪽으로 눈치 보며 적절히 일자리를 창출해 나가야 하는 것이 현재로선 나의 절대숙명의 지상과제이며 또한 고난이다. 그 양쪽과의 관계를 동시에 원활하게 하려니 매일매일이 모순의 연속이다. 월급을 주는 학교 측에는 내가 학교사람이라는 믿음을 줘야 하며, 내 말의 일거수 일투족을 평가하는 학생들에게는 그들이 나의 진정한 고객이라는 인식을 항상 넣어 주어야 한다.

그러나 이 설득의 작업을 수행함에 있어, 누구를 어떻게 설득해야 할지를 결정할 때마다 나의 마음의 핵심을 꿰뚫어 보는 존재로 인해 늘 마음이 무겁다. 사실 이 존재때문에 나의 일상이 모순의 연속이라는 것을 인식하고 살 수 있게 되었다. 내 스스로가 아무리 올바른 스승인 것처럼, 성실한 고용인인 것처럼, 그리고 행동하는 신앙인인 것처럼 주장할지라도 그 앞에선 난 항상 모순일 뿐이다.

내 마음이 어릴 적에는 모든 것의 동기가 '순수'로만 무장할 수 있다고 믿었었다. 절대자가 나에게 그렇게 말하고 있다고 믿었기 때문이었다. 그런데 실상은 내가 '순진'으로만 무장하고 있었던 것이었다. 지금은 동일한 절대자가 말하기를 인간은 항상 모순이기 때문에 '순수'로만 무장할 수 없다고 한다. 그렇다면 절대자의 생각이 달라졌다는 말인가. 절대자가 절대스럽지 않다는 말인가. 설마 그럴리야 있겠는가. 단지 내가 그를 오해하거나 아님 조금씩 알아가고 있을 뿐인 것을.

우린 이렇게 자기가 단지 알아가고 있는 그의 모습에 완결성을 부여하고 대중 앞에 선언하며 때론 남에게 강요하면서 이 고난의 날들을 서로 괴롭히며 살아가고 있지는 않은 것인지….

2. 어느 대학 이사장과 고마운 학생

난 날 괴롭히는 어느 대학의 이사장으로 인해 불필요한 분노와 친해지게 된다. 특히 겨울에 말이다. 고용주인 그 이사장과 고용인인 나는 겨울이 되면 동시에 하늘을 바라보며 애를 태운다. 폭설로 수업이 휴강이 되면 그 시간만큼 내 수입은 줄게 된다. 보충수업은 대부분 없다. 그렇다고 학비를 학생들에게 휴강한만큼 돌려주는 일은 절대 없다. 상황에 따라 강의수입의 3분의 1을 잃게 되는 경우도 있다. 반면 그 이사장은 모든 교수들로부터 강탈한 돈으로 막대한 금액을 더 벌게 된다. 폭설로 인한 경우는 어쩔 수 없다 하지만 지나가는 비바람에도 수업을 취소하고, 수업을 일부러 줄이면서 그

걸 방학이라 우기고, 때론 이유없이 수업을 취소한다. 대단한 착취다.

그 뒤로부터 내 눈엔 그 이사장은 게걸스럽게 돈을 먹어 치우는 '저팔계'로 보일 뿐이다. 겨울에 내리는 눈은 나에게는, 은행으로 돌아오는 수표를 불과 몇 시간 차이로 지불하지 못해 돌아오는 수표마다 벌금으로 물어야 하는 괴로움이 되지만, 그 이사장에겐 해외여행 한번 더 할 수 있는 즐거움이 되어 버린다. 펄펄 내리는 눈이 그에게는 비싸게 팔 수 있는 빙수로 보일 것이다. 하지만 나에게는 얼어붙은 돈줄이 되고야 만다. 이런 사실을 모르는 학생 입장에서는 휴강은 대부분 즐거운 일이 된다. 순진한 학생들을 선동해서 '정규수업시간 사수'라도 외쳐야 한단 말인가!

학생이라는 소비자들은 다양하다. 자신의 지식의 깊음을 선생과 학우들 앞에서 질문의 형태로 표현하는 소비자들도 있다. 또 그 중에는 본인은 그렇게 생각하고 했던 질문이 함량미달로 밝혀져 그런 질문을 할수록 본인은 분위기 파악 못하는 존재가 되고 학우들은 그 질문 들어주느라 괴로워지는 경우도 있다.

그런데 가장 고마운 소비자중 하나는, 자기나라 말을 이상한 말투와 희한한 발음으로 꾸역꾸역 이어나가는 '더스틴 호프만' 같은 동양인 교수의 강의를 아무 내색없이 묵묵히 들어주는 현지 미국학생이다. 어떤 학생은 아주 적절한 시기에 합리적인 방법으로 핵심을 찌르는 질문을 하여 수업의 긴장감을 놓치지 않게 만들기도 한다. 이런 학생들이 고맙다. 내 강의를 이해했다는 반응이 확인되는 순간이기 때문이다. 그런 착한 학생들을 위해서라도 난 강의를 더욱 밀도있게 만들고 싶다. 하지만 그게 그리 녹녹하지 않다. 다양한 수식어로 정말 표현하고 싶은 말들이 주마등처럼 내 머리속을 지나간다 해도 그것이 재빠르게 영어로 바뀌어지지 않으면 일단 빨리 마음에서 접어야 한다. 안되는 표현을 억지로 만들다가 아주 이상한 표현이 되어버려, 날 멀뚱하게 쳐다보는 그들의 시선은 아무리 시간이 지나도 그 시선에서 초연할 수가 없다. 그 순간 내 마음은 정장 갖춰 입고 진흙탕에 빠진 기분이 된다. 인생 살기 힘들어 진다고 느껴지는 순간이다.

3. 타인으로부터의 인정

왜 그것으로 인해 인생이 살기 힘들어진다고 느껴지는 것일까? 아마도 인정받지 못할 것이라는 두려움 때문일 것이다. 남에게 인정 받는다는 안도감, 이것이 없이는 삶의 행복을 느낄 수 없는 것일까? 그런 인정을 받기 위해 몸무림치는 우리 삶의 태도를 부정한 것으로 매도하고 죄악시 여겨야만 하는 것일까?

여기에도 소유론적 이유와 존재론적 관점이 투영된다.

남이 자기를 인정하고 있다는 것이 확인되면 마음 저 한구석에서 행복감이 밀려온다. 직장 내에서 동료와 상사로부터 자주 인정을 받게 되면, 삶의 자신감이 그 영혼을 감싸면서 자신의 자아가 확실한 성숙의 완성체로 스스로 여겨지게 된다. 그 인정의 이면에는 회사에서 해고 당하지 않고 생존할 수 있다는 안도감과 승진하여 받게 되는 더 큰 연봉으로 인한 삶의 윤택이 자리잡고 있기 때문일 것이다.

경쟁속에서 더 빨리 승진하는 것이 삶의 행복과 더 깊이 연결된다는 믿음은 거부할 수 없는 우리 삶의 상식이다. 물론 경제적 보상이 전혀 없는 직함도 있고 그 보상이 그 직함의 명성에 비해 많이 모자라는 경우도 있다. 하지만 이런 경우에도 그 위치의 무게가 주는 경쟁사회에서의 우월성은 여전히 존재한다.

비지니스의 오너로서 소비자로부터 받는 인정도 마찬가지이다. 찾는 소비자가 많을 수록 많은 사람들이 우러러 바라보게 된다. 더 많은 소비자로부터 인정을 받으려 처절하게 경쟁하여 자신의 입지를 넓히려 하고 자신의 터전이 넓어질 수록 상대 경쟁자의 터전은 줄어들게 되어있다. 제한된 터전을 두고 그 점유율을 높혀야 인정받게 되는 피말리는 전쟁이다.

이렇듯 자본주의적 추구가 가져다 주는 대부분의 삶의 형태는 제한적 기회를 강조하면서 행복이라는 것을 자꾸 희소화 시키려 한다.

이런 자본주의적 가치 희소화의 영역에서, 이 희소성에서 배제되면 될 수록 행복과는 멀어지게 되니 이런 희소성을 더 가지고 있는 사람과 견주어서 우린 늘 삶의 가치를 수치화하고 비교하면서 그것을 더 얻으려 분투하다가 마침내 그 우위를 자치할 때 행복감을 느끼게 된다. 타인으로부터의 인정은 바로 이것을 증명하는 강력한 도구가 되는 것이다.

이것이 타인으로부터 받는 인정의 소유론적 이유이다.

이 소유론적 이유를 현명함으로 포장하고, 부자가 되려고 부지불식간에 노력하면서, 사실상 이런 태도를 삶의 준거로 여기며 우린 분투하며 살아가고 있다. 부자는 가난한 사람이 있음으로 해서 얻어지는 상대적 개념이지 않은가. 모두가 다 부자가 된다면 그것은 모두가 다 가난한 사람이 되는 것과 사실상의 차이는 없는 것이다.

그럼에도 불구하고 우리는 소유 지향적 가치의 테두리 안에서 서로가 서로를 견주면서 조금이라도 우위를 차지하려 안간힘을 쓰고 더 얻은 것만큼 행복해하면서 살아가고들 있다.

하지만 일에 흠뻑 빠짐으로 해서 얻을 수 있는, 그 몰입이 주는 삶의 정열과 순수성을 부인하는 것은 절대 아니다. 이런 집중력은 삶을 보람되게 만드는 즐거움을 가져다 준다. 이런 즐거움에 젖을수록 일의 결과는 놀랍다. 그 결과가 놀라울 수록 이 혜택을 받는 타인의 수도 늘어난다. 나의 즐거움이 타인에게 도움의 형태로 돌아가는 이런 소통은 우리 인생의 사실상의 존재방식이다. 이런 존재방식을 통해 타인이 주는 인정에 대한 존재론적 관점을 살짝 맛볼 수 있겠다.

때론 우린 재화를 얻는 것에 목적을 두지 않고 그 상황이 요구하는 역할에 충실하며 그 역할의 이유를 타인에게 전달하면서, 그 전달이 가져다 주는 소통을 통해 영혼의 즐거움을 만끽할 수 있다. 이런 삶의 방식은 참으로 신비롭다.

하지만 물질보상이 전혀 없이 오로지 봉사로만 이루어진 한 개인의 사회활동을 두고서도, 본인은 그 일 자체를 즐길 줄 알고 또한 그 즐거움이 타인에게 축복이 되는 아주 바람직한 상황이 꾸준히 재연된다 할지라도 그 봉사의 자리를 다른 이가 차고 들어와 그 일을 그만두라고 요구한다면 자신의 존재성을 상실하게 되는 도전에 직면하게 된다. 그 도전 중 한 가지 이유는 존재가 명예라는 이름으로 둔갑하여 그 명예조차 하나의 소유가 됨을 느끼기 때문일 것이다.

존재 방식에 충실할 수록 소통의 즐거움에 참여할 수 있지만 이런 즐거움의 목적을 존재 그 자체에 두기 보다 높은 명예와 이윤획득의 기회로 활용하면 할 수록 우리 삶은 그만큼 소유로 향하게 된다.

또한 소유적 능력이 전혀 없는 이가 존재적 가치로만 이 세상을 살아가는 것은 불가능해 보인다. 아무리 존재의 순수를 강조한다 해도 어떤 형태로든 소유와의 관련성을 배제하기는 어렵기 때문이다. 소유와 존재를 한 가지만 분리해서 동일하게 삶에 적용시킬 수도 없으며, 이 둘을 하나로 보는 것도 쉬운 작업은 아니다. 소유와 존재는 상호간에 견제와 균형을 요구하며 분리할 수 없는 상호의존적 관계를 형성하기 때문이다.

인간의 삶은, 셀 수 없이 많은 각 개인의 사연 속에서, 소유와 존재라는 서로 다른 추구가 가져다 주는 어쩔 수 없는 모순을, 모순이 아니라고 우기며, 본인이 할 수 있는 최선의 선택으로, 그 모순을

융합하려 하는 몸무림이 아닐는지….

　　우리는 존재하기 위해 소유해야 하지만 그렇다고 소유의 이유로
존재할 수는 없기 때문이다.

우리가 초조한 이유

초조함이란
만족할 때까지
인정받기를 구걸하는 모습

얼마 전 아이들을 데리고 맥도날드에서 뭘 먹고 있었는데요. 바로 뒷 테이블에 60대 후반 정도로 보이는 두 부부 커플 그러니까 네 분이 대화를 나누는 내용을, 우리말인 관계로 아무런 문제 없이 다 쉽게 이해를 하고 있는 중이었지요.

그런데 정말 어쩌면 대화의 99%가요, 자기가 나온 대학, 자기가 아는 친한 친구가 나온 대학, 그리고 그 사람들이 받는 연봉, 그리고 그 이야기를 통해 본인이 주변으로부터 인정 받고 싶은 욕구로 가득 차 있었습니다.

궁금해서 살짝 얼굴을 돌려 그 말씀하시는 분의 얼굴을 보았어요. 그 분의 마음까지 볼 수는 없었지만, 그냥 제 눈에는 초조해 보이시더라구요. 물론 그런 이야기 당연히 할 수 있습니다. 저도 그런 이야기하면서 인생을 나누기도 하고 또 그런 이야기를 안 하면서 살 수도 없어요.

단지 살짝 제 눈에 잡힌 그 분 영혼의 모습이, 닫힌 방에 갇혀 있는데 그 문을 열려고 하지 않고 마냥 벽만 손으로 두드리고 있는… 뭐 그런 느낌으로 다가왔어요.

다른 나라에서 살면서도 각자가 자라났던 한국사회의 모습을 안고 그 방식으로 해석하고 생존해야 하는 제 모습을 들여다 보게 되었지요.

토마스 제퍼슨 과기고

탄탄한 재력을 가진 할아버지와
연봉이 적더라도 창피하지 않을 정도의 회사에서 일만 하는 아빠

끈질긴 정보력으로 인기 아이돌의 매니저를 능가하는
화려한 활동력을 소유한 엄마

그러다가 자식이 명문대학에 실패하면 몰래 이사를 간다

미국의 '토마스 제퍼슨 과기고'에 대한 이야기를 하려는 것은 아니구요. 제가 살고 있는 메트로 워싱턴 DC 지역의 유명한 그 과학기술 고등학교가 일년 전 한국뉴스에 떠들썩하게 보도되었던 기억을 떠올리면서 제 자신을 돌아보게 됐어요.

한인타운의 한국 제과점에서 커피 한 잔 시켜 놓고 앉아서 일을 하고 있었지요. 무료 인터넷이 필요했었거든요. 옆 테이블에 한 6명 가량의 어머님들이 이런저런 이야기들을 하고 있는데, 한국말인 관계로 듣기 싫어도 저절로 듣게 되네요. 이민자로 오신 분들이 아니고 통상 이야기하는 기러기 어머니들 이시네요. 서로의 연령대가 10살 이상 차이가 나 보이는데요. 아마도 한 집의 큰 아들이 다른

한 집의 막내아들과 비슷한 학년이다 보니 그런 것 같아요.

저희 부부는 유학생 입장에 있어도 보았고 지금은 고단한 이민자의 입장에도 있다 보니, 나름대로 이해폭이 갖추어져 있다는 생각도 해 보지만, 지금 옆 테이블에서 온 집중을 다하여 자식의 스펙을 위해 모든 정보를 경쟁적으로 나누고 있는 저 어머님들의 마음을 아무리 노력해도 70% 이상은 이해하기가 힘드네요.

다른 건 다 괜찮은데요. 자식들의 성적을 누구는 크게 이야기하고 누구는 모르겠다고 하면서 자식을 통해 부모의 레벨을 나누려 하는 무시할 수 없는 묘한 그 분위기 때문에 70% 이상이 힘들다는 자체 분석도 해 봅니다.

역시 그 분들에게 Thomas Jefferson High School 이야기는 빠질 수가 없군요. 요즘 문제가 된 그 학생의 이야기까지도 포함 됐구요. 슬쩍 제 마음이 창피해지면서 제 자식들이 떠 올랐어요. 한인교회나 한인모임에서, 두각을 나타내지 못하는 자식에 대해선 아무 소리 안하고 있다가, 좀 괜찮다 싶은 자식들에 대해서는 주변에 더 알리는 행동을 해서 제가 반대의 입장에서 판단을 받았을 거란 생각 때문이죠.

근데 어머님들 참 젊네요. 제가 많이 늙었기도 했구요.

대한민국의 슬로건

잇어버리면 안되는
다섯가지
한자성어

목숨을 걸고 우리 사회가 추구하는 목표가 있다. 조기 교육에 6년간 투자를 하고 초등학교에 들어가면 앞으로의 12년은 '명문대학 입학'이라는 목표 아래 선행 학습에 모든 것을 건다. 명문 대학 입학 후에는 짧게는 4년, 길게는 10년을 투자한 공로로 '거대기업입사'에 다가설 수 있다. 그 이후로는 무섭게 승진에 매진한다. 승진은 곧 '고액연봉수령'과 동격이기 때문이다. 졸업 후 입사하지 않고 바로 개인 사업을 하는 이들에게는 자기 사업을 통해 누구나 '대박신화달성'을 위해 밤낮 없이 일을 한다. 열심히 공부하고 열심히 일한다는 것은 당연한 삶의 자세이다. 그러나 문제는 소수의 승자 독식 형태로 분배가 이루어진다는 것이다. 결과로 다수의 패자가 양성된다. 그리고 대한민국은 여전히 40대 사망률에서 세계 상위권을 놓치지 않고 있다.

그래!

잊지 말자!

우리의 목표!

'명문대학'

'거대기업'

'고액연봉'

'대박신화'

그리고

'조기사망'

자주 기억되는 단어 다섯 개

자주 잊고 싶은
단어
다섯 개

자존감

비록 대다수가 단기간에 큰 실적을 올려야 하는 극심한 스트레스와 다가오는 40대 중반에 겪게 될 명예퇴진의 불안감 속에 떨고 있다 하더라도 대기업이라는 번듯한 직장의 그늘 속에 들어가게 되면 그 준거의 이유로 삶이 보상받았다고 위로하며 스스로 가치매김을 하게 된다. 고소득을 올릴 수 있는 직업도 물론 마찬가지이다. 수요와 공급의 법칙에서, 사회적 합의처럼 이루어진, 우위적 노동의 댓가를 쟁취한 우수한 형질의 유전자 보유자와 그 형질을 뒷받침할 수 있는 좋은 환경을 타고난 이들에게는, 항상 상대적인 비교를 통해, 역시 보상받았다고 위로하면서 자신을 그렇게 가치매김한다. 이런 우위적 성취감은 윤리적 가치 판단의 잣대를 대기도 전에 이미 마음속에 자존감의 형태로 자리를 잡고야 만다.

직장

사람에 따라 다르겠지만 평생을 살면서 자기의 역량과 특성을 따라 가장 적합한 교육을 받고 그에 따른 직업을 선택할 수 있는 사회구조라 한다면, 우린 다 각각의 분야에서 나름대로의 창조적 역량을 발휘할 수 있을 것이다. 같은 한시간을 일하고 누구는 8불을 받고 누구는 300불을 받는다면, 누구나가 자기 자식을 300불을 받는 직업군으로 돌진 시키려 안간힘을 쓸 것이다. 물론 모두가 동일한 돈을 받고 일을 할 수는 없다. 지금 단지 소득의 분배를 외치고자 하는 것이 아니다. 단지 소중한 개인의 달란트와 특이성 그리고 그 존귀함이 시간당 받는 돈으로 그들의 가치가 결정 되는 것에 무기력해질 뿐인 것이다.

돈벌기

세상엔 합리적이고 정 많은 업주보다 세상의 법칙에 충실한 업주가 훨씬 많다. 이윤창출을 위해 항상 발생되는 업주와 종업원 그리고 소비자와의 힘겨루기 경쟁은 곧 우리의 삶이다. 따라서 이유야 어떠하든지 사업장 문을 닫게 되는 업주와 일을 그만 둘 수 밖에 없는 종업원의 삶은 피폐해진다. 때론 소비자들에게 미치는 피해도 만만치 않을 때가 많다.

모두가 서로 얽혀 있는 공존의 법칙에서 자유로울 수가 없기 때문이다. 더불어 살아야 하는 줄은 알지만 그런 자세는 늘 이윤의 법칙과 상반돼 보이기 때문이다.

돈 벌기가 결코 쉽지 않은 이유는 자기 돈을 다른 사람과 나눠 쓰겠다는 사람보다 남의 돈을 빼앗아오겠다는 사람이 훨씬 많기 때문이다.

명예퇴진

나이 들어 처음 시작하는 사업일수록, 젊은 나이에 시작하는 사업과 비교하여 볼 때 그 시행착오의 기회가 크게 상실된다. 살 날이 얼마 남지 않았기 때문에 모험을 할 엄두가 나지 않기 때문이다. 사실 마지막 기회일지 모른다는 중압감 때문에 그만큼 창조적인 사업 구상을 포기해야만 하는 현실의 압박이 더욱 안타깝다. 따라서 남들이 이미 성공했던 사업을 찾아 이윤추구가 확실하다는 일을 시작하지만, 많은 경우가 '뒷북치기'로 끝나 버린다. 축구 경기에 있어 그 경기의 흐름을 보고 그 흐름에 자신의 역량을 물처럼 흘러가게 하는 선수는 그 승패를 떠나 관중을 만족시키고 때론 흥분시키는 경기력을 보여줄 수 있다. 그러나 어릴 적 학교운동장에서 했던 것처럼 공만 좇아다니던 축구는 결국 제대로 공 한번 잡아보지 못하고 몸만 힘들어지게 된다. 뒷북치기처럼 말이다.

대기업에서 방출된 고급인력은 사실 자기가 맡은 분야에서 사무적인 일처리에 있어서 고급인력이었을 뿐이다. 아무리 전망이 좋은 사업을 시작했다 할지라도, 그 일을 전혀 해보지 않았던 그들은 단지 풋내기 무경험자일 뿐이다. 실지로 그런 업주들이 오래 버티지 못하고 문을 닫는 경우가 많다.

이렇게 퇴진을 두 번하게 되면 스스로 다시 일어서는 것이 거의 불가능하다.

　파산

　지금은 한국에서도 시행이 되고 있지만 미국은 오래전부터 개인 파산제도를 집행하여 왔다. 개인파산의 종류에 따라 채권자는 채무자를 절대 괴롭힐 수가 없다. 인권이 보장되는 것도 중요하지만 경제적으로 회생할 수 있는 기회를 다시 갖게 된다는 사실 때문에 우린 보다 더 창조적인 생각으로 경제 활동에 임할 수가 있는 것이다. 한 번의 사업 실패로 평생 동안 채권자를 피해다니며 숨어지내야 한다면 이런 인생속에서 우린 어떤 삶의 질과 창조성을 기대할 수 없다.

　단 한번의 기회 박탈로 인생이 끝나버린다면, 이것은 형태가 다른 러시안 룰렛 게임인 것이다.

버럭과 울컥

가능하면 참고 이해하며 사는 것과
할 말은 하고 살아야 한다는
다른 그 두가지

삶은 대화를 통해 연속된다. 그러나 대화는 잠자고 있던 감정을 일시에 터뜨릴 수 있는 잠재력 가득한 예측 못할 시한폭탄이기도 하다. 개인의 내면에 감추어져 있던 억압은 종종 한 두 단어의 말로 아주 쉽게 폭발되어 버린다.

분노의 형태로 터져나올 때 이를 흔히 '버럭'이라 하며, 그리고 슬픔의 형식으로 분출되면 '울컥'이라 표현한다. 이 버럭의 표현 빈도가 평균 이상 일수록 다혈질 성격의 소유자가 되며, 울컥의 경우는 그럴 수록 울보가 되어 버린다. 반면 드물게 이 버럭과 울컥을 웬만하면 타인에게 보여주지 않는 사람도 있다.

어린 아기의 생활을 보게 되면, 이건 아주 버럭과 울컥의 끊임없는 반복이다. 버럭과 울컥이 어른처럼 나누어져 있지도 않다. 버럭과 울컥이 하나로 합쳐진 형태로 고함치는 울음이 있을 뿐이다.

'버럭과 울컥'의 반대도 있다. 아마도 '방긋과 하하' 정도쯤 되지 않을까. 그런데 방긋과 하하도 원래가 폭발적으로 튀어나오는 감정 표현이다. 버럭과 울컥과는 달리, 이건 갑작스럽게 터져나오는 그 자체로 바람직한 것이다. 아마도 부정적 표현이 긍정적인 표현에 비해 더 강하게 뇌리에 각인되기 때문인지 모르겠다.

때론 버럭과 울컥은 원치 않은 상황을 거부하기 위해 아주 유용하게 사용되는 감정 표현이 되기도 한다. 하지만 이런 감정을 표현한다고 해서 원하는 대로 일이 잘 풀릴까? 아마도 상황에 따라 천차만별일 것이다. 예를 들면 '버럭하는 사장과 울컥하는 직원'은 그 흔한 표현만큼 사회생활의 표준 감정으로 자리 잡았다. 살짝 '갑질'을 떠오르게 하면서 말이다. 반대로 '울컥하는 사장과 버럭하는 직원'은 왠지 표현이 어색하다. 둘 다 회사를 곧 포기할 것 같다.

억눌린 감정이 만연한 사회일 수록 그 사회는 이성보다 감정에 의해 작동 되므로 그만큼 구성원들이 상처 받는 확률이 높아진다. 불행해 진다는 이야기다. 고참이 버럭하고 신참이 울컥하는 사회일 수록 그 사회는 원시적 지배구조의 틀 안에 머물 수 밖에 없다.

그러나 앞에서는 방긋 웃고 뒤에서는 칼날을 세우는 사람도 있다. 반대로 비록 버럭 화를 낼 지라도 단지 그 때뿐, 아무런 뒤끝없이 다시 좋은 사람으로 돌아가는 사람도 있다.

그렇다면 조심스럽게 4가지 유형으로 그 특성을 나눌 수 있겠다.

1. 앞에서 방긋 계속해서 방긋
2. 앞에선 버럭 결국에는 방긋
3. 앞에선 방긋 뒤에서는 험담
4. 앞에서 버럭 뒤에서도 험담

과정은 달라도 1번과 2번은 해피엔딩으로 마무리 된다. 그러나 3번과 4번은 결과가 좋지 않다. 4번보다 3번은 아주 간사하기 짝이 없다.

먹고 사는 문제가 해결된 국가 일수록 상대적 부의 획득을 인생의 성공으로 삼으려 한다. 결과로 상대적 빈곤이 삶의 패배로 인식되기 시작한다. 이러한 상대 평가에 자주 노출되다 보면 사소한 일에 상처받고 작은 일에 분노하게 된다. 그 격한 감정은 육체적 폭력이 줄어든 그 자리를 대신하여 추상적 언어 폭력으로 둥지를 틀어버린다. 버럭과 울컥의 이유처럼 말이다.

싫어도 평생을 안고 살아가야 하는 버럭과 울컥, 가능한 이들의 출연 빈도를 줄이고, 대신 방긋과 하하의 인생 점유율을 높이면서, 타인에 대한 자기 감정의 상호모순을 타파하며 사는 사람이 진정한 인격자이며 실천하는 신앙인일 것이다. 1번 '앞에서 방긋 계속해서 방긋'은 힘들지라도, 2번 '앞에선 버럭 결국에는 방긋'하면서 말이다.

따지기

사진속에는 길게 뻗는 대나무와
구불구불한 담쟁이가 서로 공존하고 있다
비록 어울리지는 않지만

우리 인생은 어찌 보면 따지기의 연속인 듯싶다.

휴대폰으로 전화할 일이 생겨서 주차할 곳을 찾고 있었다. 차를 주차한 후 우연히 옆에 이미 주차해 있던 운전자의 모습을 보게 되었다. 차안이라서 그 목소리는 하나도 들리지 않았지만 휴대폰으로 누군가와 통화를 하면서 무슨 이야기를 하는 지 짐작이 될 만큼 얼굴과 몸짓이 생동감 있게 흥분되어 있었다. 20여분이 지나자 얼굴에 살짝 미소가 번지면서 전화를 끊었다. 일이 잘 해결되었나 보다. 곧 차에서 내리더니 뒷문을 열었다. 세 살 가량의 아이가 타고 있었다. 애기 엄마였다.

이 애기 엄마는 무엇때문에 저렇게 따지면서 흥분했던 것일까?

갑자기 청구서의 납부액이 올라 그 이유를 물었더니, 계약서를 보라 하면서 오히려 거짓말하는 소비자로 치부 당해, "불공정 거래로 고발해서 너 장사 못 하게 할거야"하며 분한 마음으로 응수 했었는지도 모른다. 어쩌면 관공서에 무언가를 문의하려 했다가 뻣뻣한 말투에 화가 나서, "내가 낸 세금으로 니가 먹고 사는 줄 알아"하고 소리치며 공손함을 요구 했었을 수도 있다. 아니면 아이들끼리 싸움에서 더 맞은 아이 엄마가, 덜 맞은 아이 엄마에게 "당신처럼 안 살게 하려면 자식 교육 똑바로 시켜"하며 말로 앙갚음을 했을 수도 있다.

우리 인생은 마치 따질 일을 조용히 준비하다, 때가 되면 열심히 따지다가, 상황이 진정되면 다시 다음에 따질 일을 말없이 준비하면서, 이런 반복적인 삶을 되풀이하다 이 세상을 떠나는 것 같다. 이렇게 살아야만 하는 삶의 형태가 가끔은 너무 소모적이고 진부하게 느껴질 때가 있다.

아마도 불완전한 이 우주에서 누구나 완전한 사랑을 갈망하기 때문일 것이다.

하루의 일과를 마치고 집으로 들어온 모든 이들은 살기 힘들다 하면서도 회사 방침대로 회사의 이윤을 위해 최선을 다해 소비자의 호주머니를 잘 털어야 빨리 승진하고 연봉이 오른다는 것을 가슴에 깊이 새기고 잠자리로 향한다. 때로는 민원을 들어주는 것보다 공직의 권위를 앞세우는 것이 성공의 모습으로 여겨지기도 할 것이며, 또한 덜 맞은 아이 엄마는 입으로 표현하지는 못해도 "얄밉고 잘난 체하는 애는 언젠간 그렇게 맞게 되는 거야. 당신이나 자식 교육 잘 시켜"하며 조용히 자기 자식을 쳐다볼 것이다.

어린 아이를 안은 그 엄마가 시야에서 사라지면서, 대기하고 있던 내 전화기에서 마침내 기다렸던 목소리가 들렸다.

"기다려 주셔서 감사합니다. 어떻게 도와드릴까요?"

자, 이젠 내가 따질 차례다.

우리 모두는 완전한 사랑을 받고 싶기만 한 것 같다. 따져야 하는 그 마음에는 금전적으로나 인격적으로 대접을 받고 싶은 자신만의 당위성으로 가득 차 있다. 아무리 객관성을 유지한다 해도 남과 자기 자신에게 들이대는 잣대는 항상 서로 모순스럽다.

'아전인수'의 마음으로 살아가는 우리의 인생. 안 그렇게 살면 좋겠지만 현실은 그렇게 살아도 될 이유가 늘 넘쳐 난다. 그래서인지 가끔은 '따지기'가 삶의 본질인 듯 느껴 질 때가 있다.

졸음운전

의식적으로 마음을 비운다는 것은 어려운 작업이다
하지만 우연히 완벽에 가깝게 마음을 비울 수 있었다
어처구니 없었지만 말이다

때로는 동트기 전에 출근을 하고 자정이 다 되어 집에 들어오게 되는 경우가 있다. 하루에 네 시간 넘게 운전을 하는 경우도 있는데 가끔은 운전을 하다가 약 1~2 초간 잠에 빠지기도 한다.

그리고 갑자기 눈을 떴다. 그런데 아무런 생각이 나질 않는다. 내가 지금 어디를 향해 가는 길이었는지, 무엇 때문에 운전을 하고 있는 것이었는지, 지금 내 눈 앞에 펼쳐져 있는 도로의 모양새가 너무나도 생소하다.

"내가 왜 여기에 있는 것이지?"

흡사 치매의 순간과도 같은 '존재의 망각'을 느끼는 순간이다.
그러나 이 순간은 길지 않다. 나의 영혼은 현실의 기억 속으로, 마치 바짝 마른 스폰지에 물 빨려 들어오듯, 순식간에 내 두뇌는 기억의 생동감으로 가득 차게 된다. 하지만 삶으로 돌아오는 이 순간이 그리 반갑지 만은 않다. 아니 오히려 충격적이라고 말해야 할 것이다. 그것은 초대형 망치로 나의 영혼을 내리치는 충격과도 같다.

떠오른 기억 때문에 난 어쩔 수 없이, 곧 도착하게 될 일터에서 맞닥뜨릴 그 끔찍한 삶의 전투를 다시 감수해야 한다는 사실을, 번개 맞은 듯이 인지하게 된다. 때로는 밀린 월급을 받기 위해 차오르는 분노를 꾹꾹 눌러가며 애원하듯 싸워야 하며, 일상처럼 발생하는 벅찬 사건들을 마무리하기 위해 이사람 저사람에게 창피함으로 밟혀가며 구걸하듯 요구해야 한다. 이런 현실로 돌아오는 것은 그 자체로 슬픔의 바다로 첨벙 뛰어드는 우울함과 같다.

이런 기억이 나의 영혼에 다시 채워지는 순간, 내 영혼은 가혹하게 떨어지는 주체할 수 없는 돌짝더미를 견뎌야 하는 지친 어깨가 되고 만다. 내 정신세계에 '쿵'하는 소리가 들릴 지경이다.

동물들도 이런 느낌을 인지할 수 있을까? 인간이기 때문에 감수해야만 하는 과제물일까? 알 수 없는 그 이유가 신비롭기만 하다.

하지만 두 인식의 세계를 넘나들면서 난 커다란 선물을 받게 된다. 현실속으로 돌아오기 전, 잠시 잠겨 있었던 1~2 초 간의 짧은 순간 속에서 난 천국의 모퉁이를 볼 수가 있었다. 그 짧은 망각의 시간속에서, 나는 그 어떤 때 보다도 절대자를 기대할 수 있었다.

삶의 굴곡이 나의 영혼을 괴롭히지 않는 그 텅 비어 있는 인식이야 말로 절대자의 품을 갈망할 수 있는 최적의 조건이라 말할 수 있으리라.

공간 속에 묶인 까닭에, 더 많은 공간을 확보하려고 살벌하게 경쟁해야 하는 이 3차원의 삶 속에서, 비록 짧은 그 수초 간의 경험일지라도, 노동에 지친 허기진 땀을 예기치 않았던 실바람에 꿀맛 같은 휴식을 갖듯,

난 내가 갈망하는 그 천국을 '한 여름 밤에 꿈'처럼 경험할 수 있었다.

스티브 잡스의 위대함

여행은 오감을 새롭게 자극한다
그 새로운 자극을 같이 하는 것이
바로 추억을 만드는 길이다

여행을 하다 보면 각 가정 형편에 맞게 여행의 실속들이 정해지지요. 저희 가족도 나름의 규칙들이 정해졌는데요. 장시간 운전 후에 도착한 호텔이 너무 '후질그래'하면 그 호텔방에 들어갈 때 기분이 영 아니더라구요. 좀 서럽기까지 하더군요. 그렇다고 '번쩍번쩍'한 호텔은 부담이 상당하니, 포기할 건 포기하고 꼭 지킬 건 지키면서 잘 곳을 찾다 보니 몇 가지 규칙이 생겼어요.

일단 중저가의 호텔로 가격을 먼저 결정하구요. 저희 가족은 눈치없이 워낙 잘 먹는 스타일이라 무료 아침식사가 꼭 포함되고 그것도 될 수 있으면 핫푸드 부페로 제공되는 곳으로, 그리고 실내수영장이 있어서 추운 겨울에도 한바탕 수영하고 수영장 바로 옆에 있는 따끈한 온탕에서 몸도 녹일 수 있는 곳을 찾아 헤맵니다. 이번에도 그런 곳으로 다행히 예약을 잘 잡았습니다.

아빠가 고독한 운전을 수행하는 동안, 아이들은 챙겨간 음식을 입에 발라가며 삼키고, 재미있는 영화를 눈으로 낄낄대며 보다가, 맛있는 걸 서로 더 먹으려고 한바탕 싸우더니, 결국 전부 드르렁 코 골며 잠에 빠져들어 버렸습니다.

차안이 조용해지자 잠시 제 아버지 생각이 났어요. 그렇게 가족들을 여기저기 데리고 다니셨던….

나중에 나이 들어 우리 부부가 세상을 떠나도, 자녀들은 자기들에게는 고국인 미국이라는 나라에서 자기가 받은 달란트대로 살아가겠죠. 살다가 때론 무지 서러울 때도 있을 거예요. 그 때마다 엄마 아빠와 여행 갔던 추억들로 그 때를 잘 견디라고….

그래서 가끔씩이라도 이렇게 여행은 꼭 가야만 할 것 같아요.

드디어 호텔에 도착했습니다. 깨끗한 호텔인 것이 확인되니 가족들의 입가에 미소가 번졌습니다. 그 미소가 저를 살게 하죠. 여정을 풀고 바로 찬바람 부는 근처 번화가로 달려가 파카입고 놀다가, 다시 호텔로 돌아와 아무도 없는 수영장에서 괴성 지르며 목욕하다 기진맥진해진 후, 호텔방에서 뜨끈한 사발면으로 하루를 마감하려고 했지요. 이 순간 제가요, 이런 저런 이야기로 내일의 기대를 충족 시키려는데…. 앗! 이런!

밥 먹을 때까지는 오순도순 이런저런 얘기를 하더니만, 아내는 새로 산 큼직한 아이폰으로 드라마를, 큰 아들은 자기 핸드폰으로 영화 속에 빠져들고, 둘째도 컴퓨터로 챙겨간 영화를 꺽꺽대며 즐기고, 막내도 오빠한테 물려받은 오래된 애플로 음악 감상하며 박자에 맞춰 고개를 끄덕이고 있는 게 아니겠어요! 동시에 약속이나 한 듯이 말이에요.

???
……
!!!

30초 간의 아빠의 고함이 있었지요. 어떡하든 분위기를 바꿔 볼려구요. 근데 잠시 개가 짖다가 끝났습니다. 스티브 잡스의 위대함에 짓눌려 버렸습니다.

그리고 전, 뭐, 달리 할 게 있나요? 저도 제 손전화기를 들고 이렇게 글을 쓰고 있답니다. 쩝.

캠핑은 왜 즐거운가 (자연과 문명사이)

자연입장에서 보면 그런 나를 얄밉다 할 것이다
끝까지 같이 있어주지는 않으면서 필요할 때 잠깐 왔다가
결국은 자기 집으로 돌아가 버리니까 말이다

캠핑은 매우 즐겁습니다. 그런데 막상 왜 즐거웠었는지 그 감동의 이유를 설명하자니 그게 쉽지가 않더군요. 그래서 캠핑과 관련되어 저에게 정말 일어났던 실제의 예를 들어 캠핑이 즐거웠던 이유를 풀어가도록 해 보겠습니다.

그 첫 번째의 예는 장모님으로부터 얻게 되었습니다. 장모님께서 미국에 처음 오셔서 하신 말씀이 있었는데요. 그건 "왜 미국집은 다 시골집 같냐?"라는 질문이셨어요. 도대체 무슨 질문인지 한동안 멍하니 있다가, 연이어 하시는 말씀 때문에 그 질문을 파악하게 되었는데요. "왜 미국집은 다 숲 속에 있냐?"라는 불만이 바로 그것이었죠. 미국사람들은 대부분 뉴욕같은 대도시에서 아파트생활만 하는 줄 아셨던 것이었습니다. 근데 이 질문이 한동안 저를 사로잡았습니다. 왜냐하면 서울의 도심지는 거의 회색 빌딩으로 이루어져 있을 뿐, 숲은 찾아보기 힘들다는 평이한 사실이 아주 생소하게 다

가왔기 때문이었죠. 한국에선 시골에 가야 그제서야 숲 속에 위치한 조그만 마을을 발견할 수 있으니, 정말 "미국집은 다 시골집 같다."라는 표현이 비밀처럼 새롭게 다가 왔습니다.

정말 미국인들은 숲 속에 파묻혀 산다고 해도 과언이 아닐 것입니다. 그런데요, 장모님의 눈에 비친, 숲 속에 사는 미국인들도 다른 숲으로 캠핑을 떠납니다. 가끔 그 이유를 모르겠습니다. 집에서 해 먹는 떡복이 보다 나가서 사먹는 떡복이가 더 맛있어서 그러는지는 몰라도 말이죠. 하여간 미국사람들은 더 큰 숲과 자연으로 즐거운 캠핑을 떠납니다.

두 번째 예는 한국을 방문한 외국인들의 진술을 통해 얻은 것인데요. 서울을 방문한 유네스코 관계자들이 하늘에서 서울을 내려다보았는데, 역시나 온통 회색의 콘크리트 세상이었다고 하더라구요. 그런데 그 속에 드문드문 보이는 깊은 초록 지대를 보고, 현대화가 빨리 진행되고 있는 한국같은 나라에서 아직도 개발되지 않고 남아있다면, 분명 역사적 가치가 있음에 틀림없다며, 세계유산으로 선정한 것이 있는데요. 그것이 바로 '조선왕릉'입니다. 근데요 이러한 그들의 평가가 오히려 우리에게는 난처할 뿐이죠. 그리고 우리는 학창시절의 설레임으로, 그 왕릉으로 캠핑같은 소풍을 떠났습니다.

마지막 세 번째 예는요, 누구나 한 번쯤은 관찰했던 보편적 사실입니다. 동네에 제법 크기가 큰 나무 한 그루만 있어도, 동네 어르신네들은 장기판을 들고 나와, 그 나무 밑에서 수박 드시며 장기를 두시곤 하십니다. 이건 아주 평범한 서울 변두리의 삶의 모습이죠. 하지만 한편으론 "오죽 나무가 없으면 그럴까."라고 반문하기도 합니다. 우리의 어르신들께서는 삶의 쉼을 위해서, 숲이라 할 수도 없는 한 그루의 나무 밑으로 잠시 캠핑을 나가시는 겁니다.

위의 세가지 이야기는 모두 캠핑의 즐거움을 말하고 있지만요, 또한 자연과 문명의 그 절묘한 연결을 보여주는 예라고 할 수도 있겠습니다. 따라서요, 캠핑은 바로 이러한 '자연과 문명의 오묘한 차이'를 규명하는 작업이라 할 수 있습니다. 그 둘 사이의 '심오한 차이'를 규명할 수 있다면 그것이 바로 캠핑을 하고 싶은 진짜 이유를 알게 되는 것이라 할 수 있지요. 조금 말이 복잡해 졌지만, 이 말을 한 번 더 들여다 보도록 하겠습니다.

캠핑을 즐기는 상당수는 캠핑의 목적을 즐기고 쉬는 것에 두고 있죠. 캠핑은 집을 떠나 보다 더 숲이 많은 곳으로 이동하여, 이왕이면 강이나 호수도 있는 더 자연스러운 곳에 자리를 잡고, 그 곳에서 즐기고 쉬는 것입니다. 근데 집과는 달리 불편한 게 많기 때문에요, 그리고 불편하면 즐기고 쉴 수가 없기 때문에, 그 불편함을 상쇄시키기 위해 장비를 구입합니다.

거주하고 싶은 자연을 근원으로 하지만, 살아 온 문명을 벗어날 수는 없어서, 그 불편함을 해소하기 위해, 문명을 자연으로 옮기는 작업을 하고 있는 것입니다. 한 마디로 자연과 순화되어 쉬고 싶지만 불편하지 않게 쉬고 싶다는 의도입니다. 어떤 이는 심지어 에스프레소를 만들 수 있는 커피 기계를 들고 가는 경우도 있습니다.

자~ 그러니까, '캠핑은 문명을 자연으로 옮기는 작업'이라 할 수 있겠군요.

반면에 어떤 이들은 극지의 자연을 정복하고 싶은 욕망으로 캠핑을 떠나려 합니다. 캠핑이라는 말이 어울리지 않을 정도로 생사의 고비를 넘기는 경우가 많습니다. 일종의 도전의식으로 캠핑을 떠나는 경우죠. 생존의 본능을 체감하기 위해서, 살벌한 자연속에서도 생명을 유지할 수 있는 그 본능을 확인하고 있습니다. 이건 반대로 자연을 문명으로 옮겨 놓은 캠핑이 되는 셈이에요. 그러니까 문명의 이기를 사용하는 것을 원칙으로 하되, 그걸 자연속에서 확인하면서 자연을 정복하고 싶은 욕망이라 할 수 있겠어요.

그 어느 누가 가볍고 따뜻한 방한복과 성능 좋은 장비 없이 에베레스트산을 오르려 하겠어요. 문명을 이용하여 자연을 정복했다면, 이건 문명으로 자연을 극복한 경우가 되니, 자연을 문명의 잣대로 해석해 버린, 즉 자연을 문명으로 옮겨 놓은 캠핑이 되는 셈이지요.

그러니까 이건 첫 번째와는 달리 '캠핑은 자연을 문명으로 옮기는 작업'이라 할 수 있겠군요.

무엇이 동기가 되었든, 둘 다 한 번쯤은 생각해 보아야 할 캠핑의 이유임엔 분명한 것 같아요.

문명을 자연으로 옮기든, 아님 자연을 문명으로 옮기든 간에요. 캠핑은 사실 인류의 생존을 규명하는 그 단초를 제공하고 있습니다. 흔히 이야기하는 '지구 온난화'는 누구나 인류의 생존이 달린 긴

급한 상황으로 동의하고 인식하지만, 각자의 삶에 지치고 쪼들리다 보면 이런 이야기는 신선놀음으로 들릴 때가 많습니다. 쉽게 잊어버리기도 하고요. 하지만 우린 자연과 문명 중에서 하나만을 선택하며 살 수는 없습니다. 살기 위해선 둘 다 선택해야만 하는데요. 문제는 상호 모순된 이 두가지를 어떻게 동시에 소유할 수 있는가 하는 것입니다.

스타워즈 1편을 보면 이런 대사가 나와요. "이 행성은 하나의 큰 도시이다." 제다이들이 살고 있는 행성은 행성 전체가 불야성을 이루는 단 하나의 거대 도시였는데, 이 행성을 우주에서 보고 표현한 대사입니다. 그리고 영화 아바타는 문명의 힘을 이용한 인류가 거대 자연을 파괴함으로써 그 곳에 사는 거주민들과의 갈등으로 이야기는 시작됩니다. 이렇게 자연과 문명의 숙명과 같은 불일치를 소재로 한 영화는 셀 수 없이 많아요. 그리고 그런 영화마다 주장하는 내용은 결국 한가지 입니다.

만약 "자연을 보호하자"라고 생각하셨다면 이건 너무 기초적 정답이 되어버리구요. 누구나 동의할 수 밖에 없는 정답이 있다면 그건 '자연과 문명의 상호 조화와 견제'가 될 것이에요. 이것이 앞에서 이야기했던, 캠핑은 '자연과 문명의 오묘한 차이'를 규명하는 작업의 '바른 해석'이 될 수 있겠습니다.

더 나아가 그 조화와 견제를 위해 인간이 취해야 하는 행동강령들이 구체화 되겠지요. 그 구체화 작업이 바로 우리에게 주어진 숙명적 과제라고 할 수 있습니다.

창세기에는 "생육하고 번성하고 충만하고 정복하고 다스리라"고 하는 하나님의 말씀이 있지요. 어찌 보면 아주 무거운 명령입니다. 하지만 그 과제를 수행할 수 있는 동기가 인류의 유전자 속에 각인되어 한 형상으로 전해져 내려 왔답니다. 그리고 각인된 그 형상을 우린 쉽게 내면적 동기를 통해 확인할 수도 있지요.

그건… 우린 여전히 캠핑을 좋아한다는 사실이죠.

막내딸의 미인대회

그 일등주의 때문에 그렇게 서로 간에 괴롭히고, 점유하고, 매수하고
그런 태도를 늘 한탄하면서도 거기에서
완전히 탈출하지 못하는 것이 삶의 본질인 것 같습니다

시작은 7년 간 살아왔던 렌트하던 집을 빨리 비워 달라는 통보를
받고 나서부터 입니다. 주인집 딸이 결혼을 해서 그 렌트하던 집으
로 들어와 살아야 한다고 하니 어쩌겠어요. 아내가 급하게 이 신문
저 신문을 뒤지면서 싸고 좋은 렌트를 찾는 중, 눈에 들어온 광고였
지요.

'리틀 미스 워싱턴 선발대회'

저희 부부가 그냥 한마디 툭 던졌어요.
"나갈래?"
딸아이는 바로
"오케이"
그러더라구요.

그래서 시작된 거지요.

평소의 딸아이의 끼를 보면 승산이
있어 보여서 저희 부부가 노래와 춤을
선곡해 주었지요. 막내는 1분 20초 분
량의 춤을 단숨에 외워버리더라구요.
이런 모습을 보는 부모님들의 마음은
다 똑같을 거예요. 그런 딸아이가 그러더라구요. 2등 정도 할 것 같
다구요.

미모와 끼가 넘치는 숨어있는 인재가 항상 있는 법이라, 처음엔
2등이라도 하면 좋겠다 생각했었지요. 근데 막상 뚜껑을 열고 보니
그런 인재들이 광고를 못 보았는지, 아님 있어도 나오기 싫었는지
눈에 확 들어오는 출연자들이 없더라구요. 눈에 화악 들어오는 열
성부모는 정말 많은 것과는 대조적으로요.

서서히 욕심이 생기기 시작했지요. 잘하면 '진'할 수도 있겠구
나!

그런데 대회 내내, 고도의 훈련으로 어른처럼 자세를 잡고 각종
장식과 두꺼운 화장 그리고 고가의 화려한 의상으로 비주얼을 극대
화시킨 보통아이가 눈에 자꾸 들어오는 것이었어요. 아내가 그러더
라구요 그 아이가 왠지 '진'이 될 것 같다구요. 그냥 전 주최측인 유
명일간지의 직원들로 구성된 심사위원들이 그런 외적요소에 속지
않고 진짜 알맹이를 봐 줄 것이라 여기며 그 순간순간을 위로했습

니다. 그 아이의 단순하고 평범한 몸동작과 어설픈 춤은 비싼 의상으로 감추어져 있었지요. 그러나 오히려 몸을 드러내 보인 의상으로 춤의 세부동작 하나하나를 다 보여준 딸아이의 춤은 사실 그 비교대상이 아니었습니다. 가장 큰 부분을 차지한 미모 부분도 역시, 그 아이의 여러 겹으로 붙인 두꺼운 속눈썹과 석고같은 분장으로도 얼굴자체의 형태를 바꿀 수는 없었지요.

삼만원짜리 드레스를 입고서도 기하나 죽지 않고 무대를 즐기는 막내의 모습을 보면서 제 자신의 처지를 바라보게 되었습니다. 이럴 때 부모 마음도 역시 똑같을 것 같아요. "내가 못나서 아이들 뒷바라지를 제대로 못하는구나"하는 그런 마음 말이에요.

그런데 결과는… 그 아이가 진이 되고, 딸아이는 포토제닉과 선을 수상했습니다. 두 개나 받았지만, 결혼식에 부조만하고 잔치음식은 먹지 못한 이 느낌은 뭘까요. 갑자기 피겨선수 김연아 생각이 났습니다.

첫째 아들이 어렸을 적, 워싱턴지역 한국학교 연합으로 개최된 '나의 꿈 말하기 대회'에 나가 막내처럼 2등을 한 적이 있었어요. 그때는 사실 첫째 아들보다 말을 훨씬 더 잘 하고 어른처럼 감동을 주는 호소력 있는 어린 참가자들이 많았었지요. 근데 심사위원들이 눈에 불을 켜고 정확하게 확인하는 한 가지 조건이 있었는데요. 참가자가 한국에서 태어나 한국에서 자란 경험이 없어야 한다는 것이었지요. 그래서 제 아들보다 더 잘한 참가자들이 참여상만을 받게 되었습니다. 근데 그 때 1등을 한 참가자가 본인의 꿈을 발표하는 동안 이런 이야기를 하더라구요. 자기는 방학 때마다 한국에 할아버지 집으로 가서 한국말을 계속 배운다구요. 제 첫째아이는 그 당시 한국에 가 본 적이 전혀 없었거든요. 갑자기 제 아이가 일등을 할 수도 있었겠다라는 생각이 들더라구요. 만약 한국에 가 본 적이 없어야 한다라는 조항이 있었다면요.

1등, 2등하는 순위가 생기면 우린 어쩔 수 없는 것 같아요. 규정이 있다 해도 사각지대를 찾아 반칙 아닌 반칙으로 그 일등을 쟁취해야 행복하기 쉽기 때문이겠죠. 그리고 그런 애매한 반칙을 잘 해야 머리가 똑똑한 사람이라 평가받게 됩니다. 1등을 한 사람은 자신이 정당하게 그 자리를 차지한 것이라 이야기하겠지만, 반면 1등을 하지 못한 사람은 심사가 공정하지 못했다고 주장하기 마련이겠지요. 그래서 아예 심사기준을 사전에 공표하지 않고 당일 갑자기 공표하면서 그 숨겨진 심사기준을 내정자에게만 미리 알려주는 경우도 비일비재합니다. 정도의 차이지만 세상 이곳 저곳이 다 이런 원리로 명예를 부여하고 쟁취하는 듯 하지요. 사실 선행학습도 이런 반칙의 한 가지라 말해도 틀린 것은 아닙니다. 100m 경주를 시작할 때 너도나도 충분히 앞서서 출발하고 싶은 마음 오죽하겠습니까! 그리고 저도 이런 애매모호한 방법을 찾아 오늘도 열심히 살아가고 있답니다.

딸아이를 미인대회에 내 보내면서 전 또 습관처럼 경쟁속에 파묻혀 있는 우리의 삶을 선악과로 연결시켰답니다.

라멘과 비빔밥

결국은 평범한 재료인데
이렇게 저렇게 모양을 바꾸면
· 훌륭한 음식이 된다

주문한 일본 라면 라멘이 연기를 피우며 식탁위에 놓여졌다. 깔끔하게 담긴 면은 예상한대로 쫀득함에 탱글거렸다. 라멘의 국물은 특유의 싼맛을 상쇄하기 위해 깊은 사골의 맛을 잔뜩 흉내낸 까닭에 이전에 느껴보지 못한 묘한 합성의 맛으로 나를 인도하였다. 마치 서양에서 그 유래를 찾기 힘든 오래된 일본 퓨전음식 '고로케' 처럼 말이다.

그 국물위에 독보적으로 눈에 뜨이는 돼지고기 한 점은 장조림의 부드러움처럼 입안에서 살살 부서지며 마치 소고기의 영역을 넘보는 듯 했다.

그러나 처음부터 눈에 거슬리는 한 조각의 바다음식이 아슬아슬하게 사발에 붙어 있는 관계로, 이것을 언제 먹어 치울지 고민하는 덕에 식사시간을 긴장감 있게 보낼 수 있었다.

이 바다음식은 다름아닌 '김'이었다. 식사를 시작할 때 이 음식을 먼저 먹지 못하는 바람에, 그 먹는 시점을 고민하느라 나의 모든 식도락은 국물과 면발의 세계로 심층적으로 빠져들 수가 없었다. 그러나 그 시점을 결정해야 하는 고민은 나름대로 '기다림의 심리적 미각'을 자극시킨 숨겨진 공로가 있었다.

마침내 마지막 국물까지 모두 접수하고 20여분 간의 본능의 시간이 끝났다. 그리고 음식의 후유증에 젖어 있는 그 순간, 머리에 떠오르는 독특한 기억이 있었다. 그것은 마치 4가지 음식을 따로따로 먹은 것처럼 각 재료가 제각각 독특하게 강렬했다는 느낌이었다. 이런 여흥 때문에 나는 이 음식에 높은 점수를 기꺼이 줄 수 있었다.

원래 일본음식이 그렇다. 깔끔하고 정갈한 그림같은 음식을 입 속에 머금고 그 깊은 맛을 하나하나씩 음미해 가는, 개체적 식감에 민감해지는 식문화이다.

별안간 비빔밥이 떠올랐다.

처음에는 담아 놓은 재료로 인해 그 모양이 나름 화려하고 예뻐 보이지만, 그 상태로 음식을 먹을 수는 없는 노릇이다. 그 화려한 자태는 잠시, 바로 뒤섞이고 때론 뭉게지고, 각 재료의 형태는 입 속에 들어오기 전에 이미 박살나면서, 하나의 알 수 없는 이상야릇한 모양과 색으로 변화되어 버린다. 왜 이렇게 식재료에 상처를 내야만 하는 것일까?

이렇게 수 많은 재료가 망가지면서 뒤섞이면 각각의 맛을 하나하나 즐긴다는 것은 불가능해진다. 하지만 튀는 어느 한 재료의 맛보다는 서로 어우러지면서 각 재료의 역할분배로 이루어지는 그 음식의 하모니에는 개체적 미각이 이해할 수 없는 '양보의 미각'이 존재한다.

양보의 미각이라….

맛의 조화를 이루기 위해 요리 세계에서 말하는 '일정 성분비의 법칙'일 듯싶다.

식재료 선정에서 그 비율까지 각각의 맛을 알고 있을 뿐만 아니라 그 맛들의 어울림까지 고려해야하는 다각적 접근 방식이다. 처음부터 맛이 결정된 형태가 아니라 먹는 사람의 미각에 따라 재료의 양을 조절할 수도 있는 배려적 순발력도 뛰어난 요리 방식이다.

어차피 음식은 단 하나의 재료로 이루어지기에는 너무 복합적이다. 각각의 재료를 배합함에 있어서, 어떤 요리 방식은 각 재료의 개성을 각각 살려줄 수도 있지만, 어떤 조리법은 재료들의 독특성을 줄어들게 하는 대신 혼합된 비율에 따라 아주 색다른 맛으로의 창조적 감탄을 새롭게 보여줄 수 있다.

그러고보니 섞여 있는 형태의 음식 중에 비빔밥 못지 않게, 식 재료가 한 데 뭉쳐 있는 음식이 또 있다.

바로 김밥이다.

김밥도 한국식과 일본식은 그 차이가 있다. 일본의 김말이 노리

마키는 김으로 감싼 밥 안에 재료가 보통 한 가지만 들어간다. 역시 개체적 미각을 강조한다. 반면 한국식 김밥엔 갖은 재료가 듬뿍 들어간다. 역시 재료간에 발생하는 양보의 미각을 느낄 수 있는 구조이다. 그래서인지 김밥의 모양을 가만히 살펴 보면, 섞기 전의 비빔밥을 한 숟갈씩 따로따로 분리해 놓은 형태이다. 이건 영락 없는 김으로 감싼 '미니 비빔밥'이다. 일반 비빔밥과의 차이가 있다면, 일반 비빔밥은 섞은 후에 먹지만, 이 미니 비빔밥은 먹은 후에 입 속에서 섞는다는 사실이다.

　　우리 음식은 확실히 양보의 미각이 돋보이는 음식이다. 이렇게 더불어 어울리는 그 알찬 김밥이 내 입 안에 물려 있다고 상상하니 갑자기 배가 고파진다. 다음 글은 바로 이 김밥이다.

콜드샌드위치와 김밥

타인의 입장을 이해하는 방법 중에 하나는
자신은 절대 좋아하지 않은 음식이지만
상대방은 아주 좋아하는 음식을 같이 먹어보는 것이다

미국온 지 20년이 되어가도 여전히 콜드샌드위치는 먹어도 먹은 것 같지 않다. 차라리 따뜻한 햄버거는 때론 한식 생각이 안 날 정도로 맛있게 먹을 수 있지만, 손가락에 묻은 소스를 쪽쪽 핥아가며 콜드샌드위치를 맛깔나게 먹는 아이들의 모습은 여전히 이해가 안되는 부분이다. 그 이유는 아마도 음식이 차갑기 때문일 것이다.

허기진 어느 오후, 배를 채우기 위해 몇 가지 반찬 차려 놓고 따뜻하지 않은 식은 밥을 담아서 먹는다고 생각해 보자. 조금은 서러울 것 같다. 정감 넘치는 '따수운 밥'에 비해 식어버린 찬밥은 좀 처량해 보이는 구석이 분명 있기 때문이다. 오죽하면 '찬밥신세'라고 했겠는가.

하지만 이상하게도 김밥은 식어도 맛이 있다. 아니 김밥은 원래 식은 밥을 먹는 것이다. 더군다나 거기에 들어간 김밥 재료가 특별히 유별난 것도 아니다. 그냥 반찬 그릇에 흔히 담겨 있는 시금치,

계란, 햄, 고기, 당근, 오이 그리고 김 같은 지극히 평범한 음식으로 이루어져 있을 뿐이다.

이런 반찬을 상에 차려놓고 숟가락으로 식어버린 찬밥을 퍼 먹는다고 상상하면, 그게 뭐 특별하지도 않을뿐더러 약간은 찬밥으로 인한 서러움이 피어오르면서, 살짝 평균 이하의 식사를 하고 있다라고 생각하기 쉽다. 단지 그런 평범함을 간편함과 깔끔함을 통해 먹는 불편함을 해소시키고, 먹는 이로 하여금 도파민분비를 극대화 시킬 수 있도록 밥과 반찬들의 기가막힌 맛의 비율적 조화를 이루어, 예술적 모양새로 예쁘게 재조합했을 뿐인 것이다.

한마디로 평범한 재료에 재능과 정성을 투입시킨 형태이다. 김밥이 보통음식보다 대접을 좀 더 받는 이유가 바로 그것이다.

미국사람들이 김밥처럼 즐겨 먹는 그 콜드샌드위치!

아마도 나는 그 샌드위치에 담겨있는 만드는 이의 재료배합의 탁월성과 그 정성을 아직 이해하지 못하는 것인가 보다.

다자 바둑

인생은
다자 바둑
과연 규칙이 있을까요

바둑은 왜 항상 두 사람만이 두어야 하는 걸까요? 삼자 바둑은 불가능할까요? 흑과 백 이외에 회색을 넣어서 세 사람이 두게 되면 훨씬 재미있을 것 같은데요. 물론 바둑의 칸 수를 더 만들어야 하겠지요. 더 나아가 적색, 청색, 황색, 녹색을 추가해서 더 많은 사람이 동참하는 바둑도 가능하겠지요.

그렇게 되면, 단순히 승리와 패배라는 딱 두 가지만의 결론을 초월할 수 있습니다. 참여한 사람의 수만큼 다양한 레벨의 승리와 패배가 공존하며 바둑의 실력으론 가장 최고인 고수도 나머지 사람들이 서로 협력하는 상황에 따라 최하위로 전락할 수도 있지요.

만약 지금의 바둑판의 칸수보다 만배가 더 많은 거대 바둑판에 만명이 참가하는 경기를 상상한다면요, 아마 혼란 그 자체일 거예요. 참가하는 사람이 많아질수록 감시하는 기능은 버거워지게 마련이죠. 단 22명이 경기하는 축구를 3명의 심판이 논란 없이 공정히 판단하기가 쉽지 않은 것처럼요. 이런 상황에선 바둑의 원칙을 무시하는 새로운 규칙이 종전의 규칙과 싸우면서 지역별로 새로운 질서가 생기거나, 아님 있는 규칙조차도 제대로 지켜지질 않을 거예요.

다자 바둑에서 예측 되는 운영의 어려움은, 포위당하면 잡아 먹힌다는 기본적 규칙이 아주 복잡한 상호 교류의 규칙 세계로 모순적 분화를 거듭하기 때문일 것입니다. 자기의 영역을 남보다 더 확보하기 위해 사활을 걸고 판세 확장에 목숨을 거는 바둑의 본질적 의미가 우리의 삶과 더욱 더 비슷한 게임으로 바뀔 것입니다.

그런데요, 이런 다자 바둑에서도 항상 승리하는 인공지능을 만들 수 있을까요?

운전습관과 인공지능

인류는 인공지능의 시대로 돌진하는 듯 보인다
유수의 과학자들은 벌써부터 인공지능에 의해
지배 받는 인류의 미래를 두려워하기 시작했다

1. 운전습관과 자동주행

시간에 쫓겨 급히 차를 몰고 있는 중이다. 그런데 유난히도 천천히 가는 답답한 차 한 대가 내 앞을 가로 막는다. 화가 날 정도로 천천히 움직이는 그 차를 기여이 추월하고야 말았다. 추월하면서 그 운전자의 얼굴을 꼭 한 번 쳐다봐야 한다. 그도 나를 본다. 그가 공격적 성향이라 그런지 나를 바라보는 표정에서 나를 협박자로 인식하는 그를 느낄 수 있다. 만약 착한 감성의 소유자라면 내 시선을 애써 외면하거나 아님 손 한 번 들어주어서 나의 마음을 가라앉게 할 수도 있다.

그런데 만약 그 운전자가 정신없이 휴대폰에 빠져 만면의 웃음을 쏟아 내는 것을 목격하게 된다면 정말 짜증 제대로 폭발한다. 저 운전자의 전화통화로 인해 나와 내 뒤에 따라오는 모든 차들은 자전거를 따라가는 스포츠카의 심정이 된다. 그 웃고 있는 표정 자체가 오히려 화를 더 불러 일으킨다. 그 운전자가 너무나 한심해 보인다. 다양한 저속한 표현들이 내 도덕성을 강하게 유혹한다.

답답한 교통 상황만 아니라면 즐겁게 통화하고 있는 그의 모습은 오히려 보는 이들에게 기쁨을 선사할 수 있다. 나와 친한 사람이 그렇게 즐거운 표정으로 나와 통화를 하고 있는 상황이라면 생각은 완전히 달라진다. 나의 급한 상황, 나의 개인적 삶의 다급함이 즐거운 그 상황을 전혀 즐겁지 않은 분노의 상황으로 변화시킨다.

이런 면에서 행복은 객관적이기 보다는 주관적이다. 상대방의 얼굴 표정은 내 상황에 따라 달라 보이기 때문이다.

그러나 때론 내가 반대의 입장에 서게 된다. 나에게 강의를 주는 학장으로부터 운전 중 전화를 받게 되었다. 나의 목소리 톤과 얼굴 표정은 서로 일체를 이루며 공손함과 겸손함으로 가득 찬다. 나도 모르게 차의 속도를 줄이게 된다. 아마도 내가 인식하지 못하는 사이에 많은 운전자들이 나를 추월하며, 전화하며 웃고 있었던 내 모습에 저속한 표현을 퍼부었을 것이다. 하지만 나는 웃어야만 했다. 나의 수입이 결정되는 그 순간을 난 결코 외면할 수 없었기 때문이다.

천천히 운전할 수 밖에 없는 이유를 다 알 수는 없다. 하지만 현실은 웃고 있는 그로 인해 내가 분노하게 되며, 또 웃고 있는 나로 인해 남을 분노하게 만든다. 모두에게 있어서 삶은, 개인의 간절함과 치열함이 항상 타인에 대한 이해와 용납을 앞서고 있는 듯 보인다.

그래서 이제는 태도를 바꿔보려 한다. 나의 다급한 현실과 용납의 절묘한 조화를 시도해 보려 한다.

너무 천천히 가는 차를 추월은 하지만 오히려 내가 손을 들어 주는 것이다. 손을 들어도 통화에 빠져 있는 그가 나를 보지 못할 수도 있고, 손 들어주는 그것이 능사는 아닐지라도, 최소한 내 마음이 강퍅해 지는 것을 막을 순 있다. 혹 올라간 내 손을 본 그에게도 나름의 훈풍효과는 있을 것이다. 몰아 부치고 추월해서 미안하다는 의미로 받아들여진다면 말이다.

그런데 반대의 경우가 문제이다. 내 자신이 전화통화에 빠지게 되면 주변을 인식하기 힘들기 때문이다. 운전 중엔 전화를 아예 안받거나, 차를 안전한 곳에 세우고 전화를 받으면 되지만 그것이 상황에 따라 어려울 때가 있다. 생각 같아선, 운전 중 전화를 받게 되면 자동으로 차 뒷 유리창에 "전화 중이니 저를 추월해 주세요. 죄송합니다."라는 자동장치를 달고 싶은 심정이다.

그런데 그 기술은 이미 상당부분 실용화 단계에 와 있다. 그건 '뒷유리창'처럼 우스꽝스러운 것도 아니다. 모든 자동차와 정보기술회사가 사활을 걸고 개발중인 '자동인식주행 자동차'가 그것이다. 안전모드로 설정한 뒤, 운전자가 안심하고 차안에서 다른 일을할 수만 있다면, 그간의 모든 고민들을 재미있었던 옛추억으로 날려보낼 수 있다. "옛날엔 그랬지."하면서 말이다.

실시간 정확한 교통체증을 읽어내고, 탑승자가 원하는 목적지까지 도달할 수 있는 모든 경우의 수를 간파하고, 그에 따르는 도착

소요 시간을 출발 순서대로 공정분배 형식으로 정확하게 시행하는 시스템이 공적 혹은 사적으로 운영될 것이다.

휴대폰도 문명이고 자동주행도 문명이다. 휴대폰의 간편성 뒤에 숨겨진 부작용으로 인해 우리는 그 대안을 마련하는 과정에서 문명은 진일보한다. 항상 옳은 것은 아니지만 문명의 허점은 종종 문명으로 해결된다.

2. 자동주행과 인공지능

그러나 부정적 상황도 충분히 예측된다. 그 시스템의 운영권을 쥐고 있는 소수자는 자신의 차를 남들보다 빨리 목적지에 도착할 수 있도록 개인적 특혜를 누리려 할 것이며, 여러 회사가 자신의 시스템을 소비자에게 판매하는 과정 중에 돈을 더 지불하는 부유층을 위해 더 빨리 목적지에 도착하는 이른바 '퍼스트 클래스'를 만들지도 모르기 때문이다. 누군가가 더 빨리 목적지에 가기 위해서는 반듯이 누군가는 더 늦게 목적지에 도착해야만 한다.

문명의 허점이 종종 문명으로 해결되기는 하지만, 그 문명을 운영하는 운영자는 늘 '인간'이기 때문이다.

그래서 개발자와 운영자의 이기심을 막기위해, 객관적 가동 범위 안에서만 작동되는 인공지능이 문명적 대안으로 떠오르며 인류는 이 개발에 박차를 더 할 것이다. 이건 단지 교통체제만 의미하는 것이 아니다. 모든 사회적 시스템이 인공지능의 힘을 빌리지 않으면 안 될 지경에 이를 것이기 때문이다.

그런데 인공지능에게 이런 일을 맡기면 과연 인공지능은 올바르게 이 시스템을 운영할 수 있을까? 인공지능은 과연 오차없이 항상 공평한 객관성을 유지할 수 있으며, 한 번 작동된 인공지능은 과연 개발자와 운영자의 영향에서 완전히 자유로울 수 있을 것인가에 대한 근원적 질문에 민감해야 한다.

인류가 핵융합 에너지 개발에 성공하고 이런 핵융합 에너지를 향후 1억년 동안 인간의 도움없이 스스로 생성시킬 수 있는 완전 자가발전체제를 구축한 인공지능을 성공리에 가동시켰다고 가정하자. 하지만 이런 고도의 문명이 인간의 이기심을 완벽히 상쇄시키고 완전 공정사회로 우리의 미래를 옮겨다 줄지에 대해서는 여전히 의문이다.

이 인공지능은 입력된 인간의 공평가치를 판단의 근간으로 시작하여 지속적으로 관찰되는 윤리적 과학적 기준들을 업데이트해가며 새로운 가치창출로 나아가려 할 것이다. 입력된 자료가 너무 광범위하기 때문에 인류 전체를 하나의 단위로 할 때, 향후 인류 역사를 예측하는데 있어서는 가장 확률이 높은 고도 문명 장치임에는 틀림 없으나, 인간 자체에 내재된 모순과 이기심을 그대로 반영한 그 장치가 스스로 물질적 방어체제를 구축해 버린다면, 이것은 바로 영화 매트릭스의 주제가 되어버린다.

아마도 인류는 예측된 이런 파멸을 염두해 두고 이 장치를 끌 수 있는 안전장치를 항상 손아귀에 쥐고 있을 것이다. 마치 냉전시대에 미국과 소련의 수장들이 항상 핵미사일 점화 장치를 가방에 넣고 다녔던 것처럼 말이다. 그리고 그 안전장치에 가까이 있는 사람일수록 더 기득권에 다가선 사람이라 말할 수 있을 것이다. 모든 사회적 시스템이 인공지능의 힘을 빌리지 않으면 안 될 지경에 이르게 되면, 이 시스템의 개발과 운영권에 대한 공정성과 공평성이 새로운 도전으로써 역사는 인류에게 요구할 것이다.

이미 인간은 고대사회와 비교하여 모든 고대의 국가들을 한 개인이 파멸시킬 수 있을 만큼 초인적인 문명의 힘을 소유하였다. 하지만 같은 시대를 살아가는 인간들 사이에서는 누가 그 초인적 힘을 더 가지고 있는가에 대한 공평성이 항상 문제가 된다.

미래에는 구체적으로, 그 인공지능의 활용성을 얼마나 많이 개인의 신체화로 융화시켰는가 하는 '장치의 신체화'가 교육의 본질을 두고 수많은 논쟁을 일으킬 것이다.

'장치의 신체화' 조금은 무서운 단어이다. 계시록을 연상시키기도 한다.

문명은 과연 인류를 어느 수준까지 초인으로 성장하게 할 것이며, 이 초인의 삶이 내세의 삶에 대한 그리움을 얼마나 희석시킬지는….

여러분의 상상과 믿음에 맡깁니다.

영화 매트릭스

변화한다는 것은
때론 목숨을 담보로 하는 듯
영혼의 식은 땀을 흐르게 한다

누가 나에게 가장 좋아하는 영화를 물어본다면 난 두 편의 영화를 두고 고민하게 된다. 하나는 아카데미상을 휩쓴 1968년 'Sound of Music'이고 다른 하나는 1995년부터 2003년까지 총 3편에 걸쳐 개봉된 'Matrics'이다. 첫 번째 영화는 보는 이로 하여금 대개가 같은 주제를 떠오르게 만드는 쉬우면서도 감동적인 가족 영화이다. 하지만 두 번째 영화는 공상과학영화라는 장르와는 걸맞지 않게 보는 사람에 따라 여러가지 다른 주제를 도출할 수 있는 난해함이 있다. 이 난해한 영화가 나에게 감동을 주는 것은 바로 그 난해함 때문이다.

인간이 만든 인공지능이 스스로의 존재에 불안감을 느끼게 된다. 그 인공지능이 볼 때 자신의 존재를 파멸시킬 수 있는 대상은 두 가지이다. 하나는 자기를 만든 인간이고 다른 하나는 인공지능을 작동시키는 전기에너지의 소멸이다. 이 불안감을 타개하기 위해 인공지능다운 현명한 선택을 하는데, 자신을 창조한 인간들의 세계를 파멸시키고 대신 매트릭스 장치 속에 인간의 정신작용만 가능하도록 하여 정신속에서만 살아가는 인간의 생체에너지를 자신들의 전기에너지로 활용한다는 생각이다. 이 생각은 성공적으로 실행되어 인간은 정말 살아 있는 것처럼 사회생활을 영위하지만 사실은 인큐베이터 안에서 자라나며 인공지능에게 에너지를 공급할 뿐 사실은 각 인간의 중추신경과 매트릭스를 잇는 프로그램 속에서 이런 가상세계를 서로끼리 실 세상인 양 착각하며 살고 있는 것일 뿐이다. 그러나 모든 인간이 인공지능에게 잡힌 것은 아니다. 잡히지 않은 소수의 무리가 이 기계를 상대로 전쟁을 벌인다. 두 가지 전쟁 방법을 두고 서로 경쟁하게 되는데 하나는 인공지능의 하드웨어를 직접 파괴하는 방법이고 다른 하나는 소프트웨어에 침투하여 그 프로그램을 파괴하는 방법이다. 영화는 두 번째 방법으로 이야기를 진행시키고 있다.

영화를 본 후 가장 먼저 갖게 된 의문은 우리가 살고 있는 이 우주가 매트릭스가 아닌 실제 세상이라는 증거를 찾는 것 이었다. 불행히도 증거는 없었다. 오히려 양자역학에서 이야기하는 양자 얽힘 이론이 더 실감나게 다가왔다. 인류가 살아가고 있는 이 우주가 다른 세계의 그림자가 될 수도 있다는 생각 말이다.

그렇다면 나는, 내 의지대로 살아가는 듯 하나, 그 세상이라는 무대는 가상의 세계이며, 나의 존재는 다른 힘에 의해 그 진실이 왜곡되어, 감지할 수 없는 태생적인 한계 속에서 무조건 착각하며 살 수 밖에 없는 존재인 것이다!

'다른 힘'이 만든 이 세상이 '거짓'이라면 그 만든이의 존재적 성격도 바로 '거짓'일 것이다. 그렇다면 그 거짓 가상 세계를 살아가는 인간의 이성이 거짓을 추구한다 하여도 그것이 존재적 도덕성을 위배하는 것은 결코 아닐 것이다.

이런 생각은 모순으로 응결된 공허한 혼돈의 나락으로 나의 자아를 던져 버렸다. 하나님의 신성에 대한 강렬한 의구심이 내 영혼을 이리저리 흔들어 댔다.

하지만 반대로, 존재하는 이 세계가 지배당하는 가상의 매트릭스가 분명하다고 단정할 만한 증거도 역시 전혀 찾을 수가 없었다. 더 나아가 앞의 그 두 가지의 가정을 초월하는 내가 전혀 인지할 수 없는 또다른 제3, 제4의 우주적 개념의 가능성들이 진실을 판독하라는 강박으로 날 괴롭히기 시작했다. 하지만 하나하나씩 각각의 사실을 붙잡고 이것이 진실인지 거짓인지를 판단하는 그런 작업으론 이 의문을 도저히 종식시킬 수가 없었다. 결백적 결론에 도달하기 위해 도출되는 가능성을 일일이 확인하는 것 자체가 불가능하기 때문이었다.

결국 그렇게 무한대로 증폭되는 무질서의 괴로움은 나로 하여금 하나님의 신성 제한에 의문을 갖게 만들었다. 그러니까 내가 그동안 자부심을 갖고 절대적 가치를 부여해 왔던 하나님의 신성은 하나님과는 관련 없는 나만의 잣대였다는 어리석음을 인정해야만 했던 것이다. 내가 스스로 만든 하나님의 경계로 인해 오히려 하나님은 그 입지를 줄여야만 했다.

하나님께서는 여러가지 방법으로 그의 모습을 보이신다. 그러나 보여지는 그 모습이 하나님의 모든 것이라고 결코 말할 수 없듯이 제한된 그 모습에 안주할 수록 그 폭만큼 하나님은 작아진다. 인간의 철학적 사유와 기계문명의 폭발적 발전이 지금보다 일억배 증가한다 해도 인류는 과연 얼마나 하나님을 볼 수 있을 것인가! 여전히 그 한 자락을 잡고 있게 될 뿐이다.

성경을 통해 주셨던 예수 그리스도를 통한 구원의 은혜를 우리는 너무 잘 알고 있다. 그러나 하나님이 인류 역사에 나타내는 여러가지 그의 은혜를 성경에 언급되지 않았다는 이유로 거부해 버린다면 그야 말로 바울이 이야기한 젖만 먹은 어린아이에 불과한 존재가 되는 것이다. 하나님은 그 아들을 버리실 정도로 우릴 구원하신 분이다. 이 사실 앞에 누구나 떨리는 두려운 감사를 품게 된다. 반면에 그런 하나님을 자꾸 자신의 한정적인 인식의 틀 안에 가두어 놓는 습관에는 별 두려움이 없다.

인간은 스스로 자신의 인식세계를 제한시키는 최면에 빠져 살아가는 듯 보인다. 머물고자 하는 평안이 나아가고자 하는 호기심을 짓누르는 동안 태양은 변함 없이 지구를 돌아야만 했다. 그때마다 하나님은 본인의 의지와는 상관없이 힘을 가진 한 인간에 의해서 그의 존재가 왜곡되는 억울함을 당한다. 시간성에 종속되는 인류 역사의 한계를 알면서도 그 시간을 창조하신 이를 성경속에만 한정시켜 버리면, 하나님은 성경을 벗어날 수 없는 성경만의 존재가 된다. 이것이 성경을 격하하는 말이 아니라는 것은 누구나 알 수 있을 것이다. 성경을 통한 하나님의 은혜를 누가 부정할 수 있겠는가! 단지 킹제임스성경 총 단어 수 788,258 개로만 오직 하나님을 표현할 수 있다라고 주장하는 것이 오히려 신성 모독이 된다는 것을 모를 뿐인 것을….

영화 'Sound of Music'은 볼 때마다 안식으로 다가온다. 그리고 하나님이 주신 구원의 은혜는 가장 큰 내 인생의 안식이다. 영화 'Matrics'는 혼란스러웠으나 갇힌 인식의 세계를 확장시켜 주었다. 두 영화는 각각 나에게 하나님을 알게 되고 그리고 하나님을 여전히 알지 못한다는 것을 확인시켜 준 영화이다.

하나님은 결코 우리의 인식으로 그 모든 존재가 해석되는 분이 아니시다.

하나님의 뜻과 인공지능

21세기 인류역사에 출현한 인공지능
그건 보이지 않는 하나님의 뜻을 알아내려는
세대를 지나는 기억의 발버둥

불현듯 내 영혼에 긴장감이 팽배해 진다. 제목에서처럼 감히 하나님의 뜻을 인공지능과 더불어 논하려 하는 걱정스러운 동기가 스스로 감지되었기 때문이다. 이건 어린 시절부터 내 마음에 자리잡아온 바리새인 같은 도덕성이다. 하지만 다른 한 구석엔, 막 끓기 시작한 구수한 된장찌개를 바라보는 굶주린 마음 처럼 곧 예상되는 미각의 즐거움으로 허기진 영혼을 달래주는, 모세의 장인 '이드로' 같은 희망스런 마음도 함께 한다. 그 둘 사이에 어느 한 곳에 마음을 정해야 하는 것이 바로 내 영혼에 긴장감이 감도는 이유이다.

모세의 장인 이드로의 희망이란 바로 출애굽의 여정을 가능하게 만든 '역할의 분담'을 의미한다. 인간사회가 어떤 목적을 달성하기 위해서는 효율을 극대화 시킬 수 있는 사회조직의 유연성이 필요하다. 만약 이드로의 제안이 받아들여지지 못했다면 유대민족은 자주 한 장소에 머물며 갈등해소를 위한 기약 없는 체류를 지루하게 반복하였을 것이다. 불신으로 인한 40년의 연장이 없었다 할지라도 시스템의 부재로 인해 가나안에 들어가기가 상당히 어려웠을 것이다.

사회속에서 가동되는 시스템이란 결국 보편적이면서 효율적인 방법을 선택함으로 인해 체제의 존속과 편리성을 유지하게 만드는 방향성을 보이게 된다. 이런 보편 효율적인 시스템이 지속적으로 동일하게 '존속'되어야만 생활은 편리해진다. 하지만 편리한 삶을 위해서는 그 시스템 조차 이전의 확실성을 포기하고 새로운 요구에 부응해야만 하는 '개선'이라는 필연성을 요구 받게 된다.

체제를 연속시킬 수 있는 동일한 '존속'과 그걸 유지하기 위해 변화해야 하는 '개선'은 상호 보완적이면서도 대립적인 이중성을 늘 보여왔다. 이 둘은 오래 전부터 인류가 저질러왔던 인간 갈등의 폭력적 행위를 각각 자기 입장에서 정당화시켰다. 하지만 역사가 가져다 준 이런 상호 대립의 기억들이 수 천년을 지나면서 방대한 양으로 축적 되다 보니 존속과 개선은 보다 합리적인 모양새를 갖추어 가는 듯 하다.

마침내 모든 기억들을 담아 그 모든 사건들을 하나의 방향성을 향하여 총체적 결론으로 무한의 절대성을 잡으려 하는 시도가 공식화 되었다. 바로 '인공지능'이 그것이다. 이제 인류는 가장 안전한 선택을 '빅데이터'에 의지하여 그 보편성과 절대성을 보장받으려 하는 시도를 서슴지 않고 있다.

인류가 처음 발을 내딛는 상황이라 불확실한 두려움 동반된다.

특히 계시록에 나타나는 '말하는 우상'에 대한 해석이 부담스럽게 영혼을 억누른다. 인류가 스스로 종말의 분위기를 조성하고 있다는 두려움만큼 자괴적 죄책감에 빠지게 하는 것도 없다. 실제로 인공지능이 종말에 등장하는 그 우상의 전조일 수도 있다. 또한 전혀 그렇지 않을 수도 있다. 이처럼 '존속'은 자주 '개선'의 발을 묶는다. 세계대전 당시 히틀러는 역사상 그 누구보다 가장 강력한 적그리스도 후보였다. 간혹 구부러진 지팡이를 들고 다니는 교황은 지금도 적그리스도의 단골 후보이다. 한 때 오바마도 베리칩과 함께 심각하게 거론 되었었다.

많은 경우 불발로 끝나버린 계시의 오판들도 시간이 지나간 후에 얻게 되는 교훈일 뿐이다. 다가오는 상황을 예측하는 입장에서는 누구든 용기 있게 하나를 선택할 수는 있지만 그렇지 않으면 모두 방관자가 되어버리는 것이다.

그러나 용기 있는 자의 결단과 방관하는 자의 무관심을 비웃기라도 하듯, 인류는 마침내 존속과 개선이라는 양면의 모순을 안고 결국은 인공지능의 세계를 열어버릴 것이다. 정확한 미래예측이라는 달콤한 존재론적 질문에 인공지능은 인류 역사상 그 어떤 도구보다도 떨리는 감탄을 자아내며 그 해결책을 거침없이 쏟아낼 것이다. 유사 이래 발생한 모래알 같은 역사적 사실들의 상호간 간섭들과 그로 인해 얽어지는 천문학적 가능성을 하나하나 짚어가며 놀랄만한 속도로 그 해답을 제시해 줄 것이다.

이런 숨막히는 능력 앞에 과연 우리는 하나님의 뜻을 찾을 수는 있기나 한 것일까? 오히려 존경받는 한 개인이 주장하는 하나님의 뜻이라는 것이 인공지능 앞에 자주 비참히 밟혀 버리는 일이 많아 질 것이다.

하지만 그런 방대한 빅데이터의 진원지는 곧 우리 모두의 삶이 다. 인간의 인식이 진원지가 되어 하나의 거대 지식 응집체로 물질 형상화를 이룬 것이 곧 인공지능이다. 인공지능의 능력이야 이루 말할 수 없이 놀라운 것이겠지만, 백만대군의 능력을 한 개인의 힘 과 비교할 수 없듯이, 그건 단지 각 개인들의 능력을 한 데 결합한 복합체이기 때문에 놀라울 뿐인 것이다. 집단의 힘을 한 곳에 집중 시킬 수 있는 한가지 방법을 찾았을 뿐, 그보다 더 효율적으로 더 강력히 인류의 힘을 종합화 시키는 문명의 도구는 언제든지 우리 후손들을 통해 확대되고 창출 될 것이다.

인공지능에 대해서 테슬러의 일론 머스크와 호킹박사는 미래의 인류가 인공지능에 의해 지배당할 것을 우려했다. 그러나 이미 인 류는 농업을 발달시킴으로 부의 몰림 현상을 출범시켰으며 산업혁 명을 통해 금융자산의 계급화를 고착 시켜 버리고야 말았다. 모두 인간을 물질의 종속자로 이미 만들어 놓은 상태이다. 하지만 농업 의 발달로 인해 인류는 생존할 수 있는 그 방법적 토대를 구축해 놓 았으며 산업혁명은 노예제도를 실질적으로 종식시켰다. 인공지능 도 그 역기능과 순기능 사이에서 많은 역사적 이야기들을 전해줄 것이다.

하나님께선 그의 보편적 의지를 인류에게 보이고자 하신다. 한 개인이 그 보편성을 독점하던 시절엔 참으로 하나님께서 그 한 개인 속에서 한없이 답답하셨었다. 구텐베르크의 금속활자 덕분에 하나님께선 조금 숨을 돌리셨다. 폴 배런 이후 인터넷 시대를 살아가는 우리는 보다 유연하게 그리고 보다 빠르게 하나님의 뜻을 자유함으로 나누고 있다. 그리고 인공지능의 시대로 돌입할 인류는 하나님의 뜻에 대해 미시적, 거시적 다양함으로 더욱 하나님을 누릴 수 있을 것이다.

하나님께선 역사 속에서 서서히 그 존재를 노출하시는 것 같다. 절대자의 존재는 그 허락하심을 따라 그의 형상이 새겨진 각 인류의 영혼속에 담겨져 시간을 따라 이동하면서 어느 한 응집된 역사적 순간에 보편적 방법으로 그 의식적 발현을 물질의 형상화를 통하여 나타나는 것 같다. 물질의 형상화란 곧 인류가 이해할 수 있는 범위로 진입했다는 눈높이를 의미하는 것이다. 하나님이 허락했기 때문에 우린 그만큼 하나님을 더 이해할 수 있는 것이다.

만물의 창조주를 우린 우리도 모르게 그 영역을 자신이 이해한 만큼 작게 설정하는 습관이 있다. 그리고 그 작은 영역을 초과하는 도전에 항상 전전긍긍해 왔다. 어찌보면 순진한 신앙같아 보이지만 사실은 매우 교만한 것이다. 우린 결코 하나님을 다 알 수가 없다. 하나님이 작아질까봐 전혀 걱정하지 않아도 된다. 인공지능의 수천억배 되는 그 무언가가 출현해도 하나님은 항상 그 너머에 있기 때문이다.

행복

행복은 소소해야만 한다.
그래야 다른 사람의 행복을 빼앗아
나의 행복으로 만드는 실수를 범하지 않게 된다.

행복 1 (값싼 부페)

　비록 그 음식이 각종 화학 첨가물에 단가를 낮추기 위해 각고의 노력을 기울인 첨단 '정크푸드'라 할지라도, 각종 음식으로 식도락을 만끽한 우리 아이들은 값싼 부페 레스토랑을 나오는 그 순간부터 깔깔대기 시작한다. 음식의 여흥이 멈출 줄을 모른다. 차안에서도 서로끼리 그렇게 의가 좋을 수가 없다. 평소와는 다르게 말이다. 그런 살아있는 소리를 들으면서 운전을 하다가 약속이나 한 것처럼 옆에 앉아있던 아내와 자연스레 눈을 마주치게 된다.

　둘이서 무슨 생각을 하고 있는지 서로의 마음을 이미 투시한 듯, 확신하며 웃음짓는 그 생기.

　나에겐 이것이 행복이다.

행복 2 (오히려)

부목사직을 사임하고 개척을 준비하는 한 친구의 눈가에 이해하기 힘든 삶의 의지가 서럽게 내 영혼을 파고 들었다. 아마도 나의 어려운 상황이 그 친구의 의지를 자의적으로 해석했기 때문일 것이다. 그런데 지난 수년 간의 어려움을 토로하는 친구의 영혼을 바라보기 시작하면서, 나의 영혼이 그의 것과 결코 다르지 않다는 것을 확신할 수 있었다.

동시에 내가 느껴왔던 외로움이 위로 받기 시작했다. 왜 타인의 아픔은 나에게 위로가 되는 것일까. 대개가 그렇듯이 오직 나만이 아픈 존재가 아니라는 것을 확인했기 때문에 얻게 되는 안도감일까. 아님 모든 인간은 결국 마찬가지라는 사실을 확신해 버린 믿음 때문일까. 아니면 내 영혼에 자리를 잡아 버린 아픈 기억들로 인한 삶의 바둥거림에 대한 체념일까. 그 답을 정확히 알 수는 없지만, 본심이 노출되는 대화는 우리의 삶에 희망을 재충전 시켜주는 신비한 힘이 있다. 항상 눈물로 뒤범벅된 우리의 삶이 가끔은 이렇게 숨을 고를 때가 있다. 영혼이 쉴 수 있는 이런 절호의 기회!

나에겐 이것이 행복이다.

행복 3 (주머니 돈)

주말에도 일을 해야 하는 삶은 결코 행복하다고 볼 수는 없는 삶이다. 일년에 보통 4분에 3을 주말에 수업을 해야 하는 나는 불행한 강사이다. 그런데 한 학기에 두 번 찾아오는 시험은 학생들에겐 극도의 스트레스가 되겠지만, 나에겐 숨을 쉴 수 있는 절호의 기회가 된다. 한 학생이라도 시간을 다 채울 때까지 시험을 보게 되면 어쩔 수 없지만, 가끔은 모든 학생들이 시험을 일찍 마치면서, 나에겐 예기치 않았던 쉬는 시간이 더 주어지게 된다.

가까운 한인 제과점엘 갔다. 사람이 많다. 주일이라 그런지 많은 교회분들이 빵집을 찾아 맘속에 쌓아 놓았던 것들을 다 토해내고 있는 중이다. 나도 맘 속에 본의 아니게 적립해 놓았던 것들을 글로 토해내고 있다. 지금 말이다. 그런데 이런 시원한 장소에서 달콤한 빵과 조금은 수준 있는 커피를 마실 수 있는 5불 정도의 돈이 내게 있었기에 망정이지, 그마저 없었다면, 어느 구석진 곳에서 자판을 두들기고 있었을 것이다. 이런 의미에서 문명은 참 신선한 것이다. 난 지금 이 5불을 내고 그 문명의 대가를 즐기고 있는 것이다.

이 5불의 가치가…. 나에겐 이것이 행복이다.

행복 4 (상상)

일 억불 계약을 따낸 어느 중소기업의 간부가 회장으로부터 모든 회사원이 모인 가운데 공개적으로 인정을 받는다. 보너스도 받았다. 더불어 마음속엔 다음 번 승진에 대한 묘한 자신감이 살며시 고개를 든다. 집으로 돌아오는 길에 양손 한가득 가족들의 선물을 챙긴다. 아빠가 현관문으로 들어오는 그 순간 이미 연락을 받은 아내의 입가에 피어나는 기쁨에 겨운 미소와 선물로 인한 아이들의 함박웃음이 카메라에 잡힌다. 이건 아주 흔한 드라마의 한 장면이다. 행복을 보여주기 위해 프로듀서가 무난히 선택할 수 있는 시나리오이다.

더 신파적으로 나가보자. 병으로 누워 계신 아버지는 전혀 거동을 못 하신 지 10년 째이다. 삼남매를 홀로 책임진 어머니가 기댈 수 있는 유일한 사람은 사법고시를 앞두고 있는 장남이다. 마침내 고시에 합격한 아들의 이름을 일간지에서 확인할 때 조그만 단칸방 구석에 누워있던 아버지는 소리 내어 흐느끼고 뭔가 조금씩 알기 시작한 막내는 우리 이제 부자 되는 것이냐고 자꾸 물어보면서 우는 모습을 감추려 돌아서 있는 엄마를 자꾸 보챈다. 이건 옛날 드라마에 종종 나왔던 장면이다.

우린 행복을 표현하기 위해 여러가지 장면들을 연출한다. 아마도 다음과 같은 이야기를 꿈꾸면서 말이다.

지금 자신의 통장에 삼백만불(33억원)의 현금이 들어있고 완전히 자기의 소유가 된 이백만불(22억원)상당의 집이 있으며 이천만불(220억원)의 상업용 건물을 통해 들어오는 임대료의 연간 순수익이 구십만불(10억원)이라 할 때, 비록 남이 부러워하는 멋진 직업은 아닐지라도 자기 소유의 건물에 방 하나를 멋지게 꾸며 그 사무실로 출근하면서 직장인의 모습을 보여줄 수도 있으며 명함에는 원하는 어떤 직위도 마음대로 넣을 수 있다. 오히려 일반인들이 직장생활에서 얻게 되는 스트레스가 없어서 좋으며 좋은 관리자를 만난 덕에 다른 곳보다 월급을 조금 더 주었을 뿐인데 지난 10년간 세입자와의 마찰 없이 매달 임대료를 빠짐없이 받아내고 있다. 나태해지기 쉬운 상황이니 개인 트레이너를 두고 매일 같이 운동을 하는 그와 그의 아내의 몸은 사십대가 지닐 수 없는 근육질을 자랑한다. 아내나 남편 모두 정확하고 값비싼 정기정검을 통해서 현재 몸에 아무런 문제가 없음을 확인한 상태이며 초고가의 유전자 검사를 통해서 앞으로 닥칠 건강 문제까지 신경을 쓰다 보니 공신력 있는 인증 기관으로부터 배달되는 가장 좋은 식재료를 매주 공수 받고 있다. 자녀들은 가장 공부를 잘 하는 그룹에 속하지는 않을지라도 상위권을 형성하고 있으며 다양한 체험학습과 풍부한 사교육을 통해 어디에서도 인정받을 수 있는 '스펙'을 형성 중에 있다. 사십대 중

반의 그가 이런 상태를 유지하면서 이십년이 지나 육십 중반에 접어들게 되면 아마 그의 부는 훨씬 더 증폭되어 있을 것이다. 빌딩을 몇 채 더 소유할 수도 있으며 제대로 투자하여 그 재산을 수 십배 더 늘릴 수도 있을 것이다. 돈이 많으니 그에 따라 모여드는 사람도 많다. 성격만 그리 모나지 않다면 최소한 많이 외롭지는 않다는 이야기다.

이 이야기의 자산 액수로는 그가 그렇게 큰 부자라고 할 수는 없다. 물론 나의 이야기도 아니다. 하지만 이 글을 쓰는 나의 마음엔 묘한 감정이 섞여 있음을 부인할 수 없다. 하나는 돈의 몰림 현상에 따른 부조리와 악순환에 대한 분노의 감정이며, 나머지 하나는 저렇게 살아 보는 것도 그리 나쁘지는 않겠다 하는 기대감이다. 위의 두 가지 마음 중에서 내가 하나를 선택하기만 하면 그대로 이루어지는 동화 속에 한 장면이 내 앞에 펼쳐 진다면 난 솔직히 후자를 거부할 자신이 없다. 그 풍요를 나와 내 가족 외에 다른 이웃과도 나누어 쓰겠다는 조건을 양심에 각인하면서 후자를 선택할지도 모른다.

내 마음에 서로 다른 두 가지가 공존하는 그 사실이 재미있다. 전자는 우리 삶의 현실이며 실존이다. 정확한 부의 분배는 인류의 사활이 걸려 있는 존재론적 투쟁이다. 이와 관련된 모든 이야기가 곧 우리의 모습이며 인류의 역사가 되어 왔다. 하지만 후자를 천박한 자본주의 산물이라 몰아 붙일 수도 없다. 모든 사람은 그렇게 근심 없는 세상에서 살기를 원하기 때문이다. 단지 그 근심을 제거할 방법을 이 세상 속에서 그 소재를 찾으려 했다는 것이 잘못이면 잘못인 것이다. 그 근심 없는 삶의 염원에는 오히려 하늘나라를 향한 우리의 오래된 숙원이 잠들어 있다고 해야 할 것이다.

　이렇게 내 마음은 오늘도 모순 속에서 그러나 그럴싸하게 말되는 변명으로 잠시 동안 행복을 느껴봤다. 실존을 인지해야 하는 전자가 주는 인식의 활력을 통해서, 그리고 후자가 주는 뭔가 기대되는 로또 복권 당첨과도 같은 달콤함으로 말이다.

행복 5 (라면)

모처럼 아무도 없는 집에서 혼자 점심을 먹기 위해 라면을 끓이고 있다. 라면에 갖은 양념을 넣으려 하는데, 나도 모르게 '흐흑'하며 갑자기 복받쳐 울어버렸다. 가스 스토브가 내뿜는 열기 때문에 자연스레 어느 영화에 등장하는 한 소방관이 떠올랐기 때문이다.

가족과 즐거운 휴가를 보내고 있던 그 소방관…. 휴가를 보내는 중 발생한 화재로 인해 바로 휴가를 포기하고 현장으로 달려간다. 갑작스런 이 아빠의 돌출 행동에 아이들은 못내 아쉬워한다. 망쳐버린 휴가 때문에 미안스러워, 그 아빠는 자식들에게 살짝 웃으며 "아빠 소방관이야"하며 자랑스런 미소를 보낸다. 하지만 이 말이 그 아빠가 자식들에게 해 준 마지막 말이 되어버린다.

그 영화의 한 장면과 내가 끓이고 있는 라면은 서로 별 관련이 없어 보인다. 하지만 그로 인한 나의 눈물의 이유는 과연 무엇이란 말인가! 그 소방관의 숭고한 죽음 때문일까? 아님 영화속에 남겨진 아빠 없는 가족들에 대한 측은한 마음 때문일까? 아니면 혹 내 가족에 대한 감정이입 때문인 것일까….

이런 눈물을 남몰래 흘려 본 남자들은 알고 있을 것이다. 위의 모든 것이 다 이유가 되겠지만, 결국 우리 인생살이가 서러워서 이렇게 울고 있다는 것을….

아무리 맞벌이의 생활구조가 만연화 되었다 하여도 남자로서 가족을 책임져야하는 사나이의 자존심은 어깨를 짓누르는 무거운 삶에 늘 무릎을 꿇어 버리고 만다. 이 때 터져 나오는 눈물과 한숨만큼 간절한 기도는 없다.

바로 여기에 행복이 있다. 누군가를 책임져 줘야 하는 역할이 나에게 있다는 것. 그 임무가 때론 버겁고 그래서 때론 직무유기를 범해도, 결국은 끈끈한 정신력으로 내 본연의 임무로 돌아오게 하는 그런 영혼의 작용을 감사할 수 있다는 것. 이런 생각을 하며 라면을 먹고 있는 이 순간이….

나에겐 이것이 행복이다.

행복 6 (공짜)

점심을 먹으러 월남국수집으로 가는 중이었어요. 가끔은 조미료가 가득 퍼진 그 국물이 아주 그리울 때가 있습니다. 그런데 가는 도중 한국 마트가 눈에 먼저 들어왔습니다. 주말이면서 동시에 설날이니 분명 명절 음식이 가득하겠죠. 따라서 무료 시식음식도 보통 때와는 다를 것 같습니다. 마트에 들어서자 마자 기대한 대로 눈앞에 펼쳐지는 다양한 시식 샘플들…. 아이들이 온라인 게임에 정신을 빼앗기듯이 전 그 음식에 흥분하기 시작했습니다. 제가 거기서 뭘 먹었는지 아세요?

떡볶이, 오뎅, 순두부, 떡국, 두부부침, 갈비, 생선, 된장국, 오렌지에 한과와 곶감까지!

샘플이라 적은 양이긴 해도, 이것 저것 막 집어 먹다 보니 나름 허기는 가셨습니다. 몰래 살짝 두 개씩 후다닥 먹어 치우기도 했지요. 유사시에는 이 음식으로 충분히 생존 가능하다 믿어 의심치 않습니다.

정신없이, 그러나 남들에게 들키지 않을 정도로 절제하며, 살며시 식도락을 즐기는 이런 긴장감이 즐거울 때가 있습니다. 궁상맞다는 기분을 떨쳐버릴 순 없지만, 그래서 이런 내 모습에 살짝 서러운 느낌도 들지만, 가끔 이런 공짜 심리에 편승해서 '헝그리'정신을 잊지 말자라는 변명으로 스스로 위로도 합니다.

이곳 저곳 누비다가 더 이상 얼굴 노출을 할 수 없는 지경이 되면, 당당하며 자연스레 마트 문을 나섭니다. 먹기만 하고 사지는 않는다며 시식음식 아줌마들이 제 뒤통수를 계속 째려보고 있는 관계로 더 이상 시침 떼고 있을 수도 없었습니다. 저도 모르게 머리를 긁적긁적 긁게 되더라구요.

마트 문을 나서면서, 먹는 건 역시 중요하다는 생각을 떨쳐 버릴 수 없었습니다. 맛있는 음식이 배고픔과 더해지면 이것이 행복이라 말하지 않을 수 없습니다.

너무 원초적이었나요?

행복 7 (너무 느린 할머니)

커피를 야외 테이블에 다소곳이 올려놓았다. 그 아담한 커피잔 뒤로 주차장으로 들어오는 조그마한 차 한 대가 보인다. 할머니 한 분이 그 차에서 내리신다. 차 문을 열고 밖으로 나와 다시 차 문을 닫기까지 오랜 시간이 걸렸다. 그리고 아주 느린 움직임으로 천천히 내 시야에서 사라지셨다.

조금 전 차에서 내리시며 힘겹게 하늘을 바라보시던 할머니의 하얀 눈빛이 뇌리에 남았다. 가늘지만 커다랗던 눈매가 초연한 듯 하늘을 응시하던, 서러운 그 얼굴이 구도자의 모습으로 내게 다가왔다.

하늘을 보고 무슨 생각을 하셨을까?

이번에 명문대학에 입학한 손주에게 줄 선물을 고르려 고민을 하셨는지도 모른다. 항상 공부를 잘해서 늘 자랑하고 다녔던 사랑스러운 아들의 사무실로 가면서 성공한 자식농사의 뿌듯함을 느끼셨을 수도 있다. 아님 정반대일 가능성도 있다. 평생 변변한 직장 한 번 다니지 못한 큰아들에게 생활비를 주기 위해 왔다가 본인의 은행 잔액을 생각하셨는지도 모른다.

아주 짧은 순간에 세월은 나를 그런 백발 성성한 구도자의 모습으로 변화시킬 것이다. 많은 삶의 회한과 환희를 기억 속에 버무려 놓은 채, 나도 어느 주차장에서 그 할머니처럼 느린 몸 가짐으로 하늘을 바라보고 있을 것이다. 눈시울 가득히 추억을 담고 말이다.

아직 그런 백발의 노인은 아니지만, 지나온 나의 삶은 언제나 버거움과 즐거움을 경쟁하듯 내 영혼에 쏟아 붓고 있다. 그 경쟁의 진폭이 클수록 내 삶은 동요된다. 그러다 보니 즐거워도 즐겁다 말할 수 없고 힘들어도 힘든 내색 보일 수 없는 회색의 삶으로 차츰 변하게 됨을 느낀다. 하지만 이것이 자연스러운 삶의 자세인 듯싶다. 왜냐하면, 견디어 내기 위해서라도 일부러 난 슬픔과 기쁨이라는 상반된 두 감정으로 하여금 내 인생의 책임을 서로 나누어 갖게 해야 하기 때문이다.

부지런히 행복의 기억으로 아픔을 변명하다 보면, 모순된 이 두 감정은 서로 의지하며 섞이면서 그 결과로써 상황에 초연할 수 있는 여유를 안겨다 준다. 이런 의식적인 삶의 해석이 작동되는 동안은 행복을 내 영혼에 붙들어 맬 수 있다. 비록 필요한 행복의 기억이 부족하다 해도, 잠시 머물다 가는 산들바람의 기억이 땡볕 열기의 고통을 보상하듯, 삶은 그렇게 억울한 것이 아니란 것을 난 서서히 배워 나갈 수 있다.

어느새 그 할머니가 차로 돌아오셨다. 후진을 하고 다시 출발하시는 데에 또한 시간이 오래 걸리셨다. 하지만 난 그 할머니 덕분에 지나온 삶의 기억들을 행복이란 틀 속에 맞춰 넣을 수가 있었다.

인생은 정돈하며 살기에는 벅찰 지경으로 역동적 삶에 노출되어 있다. 하지만 의식적으로 선택한 행복이란 틀 속에 조용히 챙겨 넣을 수는 있을 것 같다.

행복 8 (큰 아들)

오늘 저녁 일을 하러 나갈 계획이 잡혔다. 이 곳 저 곳을 다녀야 하는데 자동차 계기판에 노란불이 들어왔다. 기름을 빨리 넣어야 하는 상황이다. 그런데 오늘은 수요일이고 급료의 일부를 받는 날은 돌아오는 월요일이다. 이런 상황이 무엇을 의미 하는지 아는 사람은 아시리라.

고등학교 졸업반에 올라가는 첫째 아들은 자동차 면허 취득 후, 호시탐탐 운전할 기회를 엿본다. 오늘도 차를 쓴다고 난리다. 기어이 내 허락을 받고 노란불이 들어오는 차를 몰고 나갔다.

아내와 함께 해진 저녁 길을 한동안 걷다가 집으로 돌아왔다. 차를 몰고 나간 아들도 돌아와 집 앞에 차를 세워 놓고 동네 친구와 낄낄대며 잡담을 하고 있다. 아마도 그 친구에게 운전면허 획득요령에 대해서 한참 동안 자랑같은 설명을 하고 있었는지도 모른다. 떠들고 있는 아들을 뒤로하고 아내와 함께 현관으로 들어서는데,

"아빠 전 친구랑 얘기 좀 더 하다 들어갈게요."

"그래"

"아! 그리고 기름 넣었어요. 25불 들어가더라구요."

"어어~ 그래….”

마지막 나의 대답은 약간 애매모호했다.
오늘 아들은 일하던 맥도널드에서 주급을 받고 동생들에게 줄 간식을 한 손에 들고, 아빠를 위해선 차에 기름을 넣어 주었던 것이다.
대학 들어갈 나이가 될수록 능글맞은 이 아들이 이렇게 이야기했다.
"나 없었으면 우리집 어떡할 뻔 했어?"
주말에 맥도널드에서 일하고 들어오는 아들은 피곤한 표정으로 그 날 있었던 진상 손님 이야기를 종종 꺼내곤 했는데, 그 때마다 내가 피곤하다는 이유로 더 진심으로 들어주지 못했던 내 모습이 상기됐다.
난 그냥 그 아들을 쳐다보고 한 마디 했다.
"자아~식"
지금 이 글을 쓰고 있는 차 안의 계기판엔 노란불은 없다. 단지 꽉찬 기름이 날 행복하게 할 뿐이다.
다시 "짜아~식"
자식이 "짜아~식"이 되는 그 순간이….

나에겐 이것이 행복이다.

행복 9 (라티노 부자)

　미국에 있는 한국 제과점은 주로 한국사람들로 붐비지만 타인종도 많이 찾는 장소이기도 하다. 이민의 역사가 길고 이미 흑인의 인구수를 넘어선 라틴사람들은 매운 맛이라는 공통점으로 인해 한국의 탕 종류나 얼큰한 라면을 자주 찾는다. 그들 중엔 한국 빵을 좋아하는 사람도 있다.

　대부분의 제과점은 맛있는 빵 몇 종류를 잘게 썰어 무료 시식으로 제공하고 있다. 한 외국인이 아들과 함께 제과점에 들어와 그 무료 시식을 즐기고 있었다. 자기도 먹어 보지만 주로 같이 데리고 들어온 아들을 꼭 챙기면서 한국빵의 풍미를 행복하게 나누는 그 부자의 모습이 왠지 다정하면서도 처량해 보였다. 외모로 봤을 땐 단신의 키를 가진 중미에서 온 라틴사람이다. 시식을 한참 동안 했지만 따로 주문은 하지 않고 시원한 제과점의 의자에 앉아 아들과 잡담을 나누고 있었다. 빵맛에 대해 서로 이야기를 하는 듯 했다. 주문하지 않고 그냥 앉아 있기가 미안 했는지, 얼마 있지 않아 다시 아들을 데리고 제과점을 떠났다. 그 모습을 본 아내와 나는 잠시 망설이다 아이들을 주려고 산 빵 한 봉지를 들고 그 라틴부자를 쫓아 나갔다. 생각보다 걸음이 빨랐다. 보이지가 않았다. 아님 내가 망설였던 시간이 길었나 보다. 밀려오는 약간의 후회가 있었다. 조금 더 서두를 것을….

한국 제과점은 그 어린 아들에겐 신선한 문화 충격이다. 그 아빠는 상기된 모습으로 아들에게 한국문화를 보여주며 행복했을 것이다. 이내 사주지 못하는 미안한 마음이 동반 되었겠지만, 세상이 돌아가는 모습을 자식에게 보여주는 부모의 행복은 자식을 키워 본 부모만 이해할 수 있는 흔한 비밀이다.

우리의 본성은 세상속에 머무는 동안 더불어서 살아가야 하다는 것을 안다. 모든 본능을 무조건 옳다 할 수는 없지만 인간은 본능에 충실할 때 행복을 느낀다.

빵 한 봉지 나눠 먹는 것이 뭐 그리 대단한 더불어 사는 모습이라고….

하지만 그런 티끌만한 마음이 아직도 나에게 남아 있다는 사실에 안도했다. 어쩌면 그건 나의 마지막 자존심일지도 모른다는 생각을 했다. 비록 불발로 끝나버린 보잘 것 없는 선행이었지만 나의 자존감을 지켜준 그 마음을 확인하는 순간 난 행복의 근원에 대한 희미한 단서를 얻은 듯 즐거워했다.

행복 10 (오늘 할 일을 내일하자)

의자에 앉아있다가 일어나려는 순간 갑자기 허리가 뻐근하며 불편해졌다. 그래서 구부정한 모습으로 한동안 걷게 되었다. 그럴 때마다 내 마음은 내일부터는 꼭 운동을 제대로 시작 해야 되겠구나라는 생각으로 가득해진다. 그런데 내일부터 운동을 시작하자고했던 그 내일이 족히 십 년은 되어 가는 것 같다. 그런데 참으로 희한한 것이 있다. 그 내일이란 것이 십 년 동안 연기 되면서 이제는스스로에게 그만 속아 넘어갈 것도 같은데 여전히 내일부터 시작하

겠다고 다짐을 하게 되면 어김없이 고요한 평안이 밀려온다. 내일은 정말로 시작할 수 있다 라는 믿음 때문이다. 오늘은 하지 않아도 되는 분명한 이유를 확정했으니 당장은 아무런 죄책감이 없다. 오늘은 비록 부족한 삶이지만 내일부터는 그 부족을 회복시키리라는 그 이해 못할 믿음, 십 년이 된 이 믿음 때문에 나는 십 년 동안 행복할 수 있었다.

행복 11 (반말)

한인타운입니다. 일을 먼저 끝내고 아내의 퇴근을 기다리고 있던 빵집안으로 별안간 찾아온 노을…. 그때 아내로부터 문자가 왔습니다.

"집에 가서 뭐 먹냐?"

아내는 주로 저에게 반말을 합니다.

"큰애와 둘째는 다이어트 한다고 하니 됐고, 막내는 맨날 반찬 투정하니 힘들다."

아내는 계속 반말을 합니다.

"놔둬. 어제는 배고프니까 지가 알아서 남은 된장국에 밥말아 먹더라구, 애들을 강하게 키우자고!"

제가 말했지요. 전 당연히 반말로 하지요.

"제대로 해 주는게 없어서 애들한테 너무 미안해. 우리도 맨날 늦게 들어가고. 애들끼리만 집에 있고…."

아내는 늘 하던 이야기를 또 합니다. 반말로.

"그나저나 오늘 노을 주~욱인다!"

제가 화제를 바꾸었습니다.

"그렇지? 정말 주~욱이지!"

아내는 이미 사무실에서 노을을 바라보고 있었죠. 그걸 친구같은 남편한테 말해 주려고 반말 찍찍 하면서 문자를 보낸 거지요. 둘이 나란히 집으로 들어가면, 현관에서부터 애들 셋은 경쟁적으로 학교에서 있었던 일들을 서투른 한국말로 하다가 결국 영어로 지껄여 댑니다. 어제같은 오늘 하루가 또 지납니다. 그리고 오늘같은 내일을 또 살아가겠죠.

행복 12 (탈비교)

아주 단순하고 흔한 상상이다. 태어난 순간부터 죽는 그 순간까지 불행이란 감정을 전혀 느끼지 못하는 세상이 존재한다고 가정하자. 그럼 그 세계에선 행복이란 감정의 정의는 무엇일까? 그냥 '일상'의 느낌이라고 해야 할까? 아님 불행이라는 것을 아예 모르니, 계속 행복 속에 살면서도 종말을 맞이할 때까지 그것이 행복이라는 것을 모르고 죽으면 되는 것일까? 행복도 행복의 깊이가 개인마다 제각각 일 텐데 그렇게 불행없이 사는 세상에 살다 보면 조금 행복한 것과 많이 행복한 것이 결국엔 불행과 행복으로 바뀌지는 않을까?

결국 그런 난해한 의문의 종착지는 "불행이라는 상대적 개념없이 행복이란 것이 단독으로 존재할 수 있는가"의 문제로 귀결된다. 그러고 보니 모든 언어에는 그 상대어가 항상 존재하는 듯 보인다. 남자와 여자 같은 너무 뻔한 단어 말고 가령 '컴퓨터'의 예를 들어 보면, 사실 컴퓨터에는 반의어가 없다. 하지만 컴퓨터를 '디지털'이라고 정의하게 되면 '아날로그'라는 상대어가 떠오르게 된다. 또한 반의어를 찾기 힘든 '치약'이라는 단어도 치아를 깨끗하게 한다는 의미를 치약에 부여하는 순간 치아를 썩게 만드는 '설탕'이 어느 한 조건에선 상대어가 될 수 있게 된다. 사물에 담긴 의미 혹은 그 사물을 바라보는 사람의 해석이 개입되면 모든 이름에는 어떤 형태이든 그 상대어가 가능하게 된다.

이렇게 되면 첫 줄에 언급되었던 그런 상상은 더 이상 단순하지도 않으며 흔하지도 않은 것이 되어 버린다. 그러니까 한마디로 행복이란 뜻은, 모든 사물과 사건에 다양한 의미를 적용하면서부터 그 적용의 본질을 비교하는 인간의 의식이 만들어 낸 불행에 대한 상대적 우등 개념이라 할 수 있게 된다. 그러니까… 우등과 열등, 좋음과 나쁨, 즐거움과 괴로움, 이러한 모든 상대적 개념이 인간의 내면에 살아 숨쉬는 한, '불행과 행복'은 우리에 삶에 무한 반복되는 '예견된 감성'이라는 결론에 다다르게 된다.

갑자기 창세기의 '선악과'가 떠오른다.

그럼 그 두 감정은 어쩔 수 없는 인간의 운명이니 그냥 주어진 상황에 삶을 맡기며 살 수 밖엔 없다는 말인가? 하지만 상황에 삶을 맡기는 것만큼 성숙한 삶의 자세도 없다. 단지 먹어버린 선악과로 인해 비교하지 않고는 살 수 없는 것이 이 세상이라면, 비교의 강도를 조금 낮추는 것 밖에는 달리 방법이 없을 것 같다. 비교의 강도를 낮춘다는 것은 좋은 일이 생겼다고 너무 좋아하지 말고, 상황이 어렵다고 너무 비관하지 말라는 아주 흔한 결론으로 시시하게 끝나

버리는 것을 의미한다.

　그러나 이건 결코 시시한 결론이 아니다. 지금 당장 너무 행복하다고 해서 그 행복의 의미를 '비교'에 두지 말라는 '경고'이다. 그래야 반대로 불행이라는 상황속에서 쉽게 비교를 제거할 수 있는 명분을 얻게 된다. 비교가 제거된 불행은 사실 불행이 아닌 경우가 대부분이다.

　그렇다면 남들보다 돈을 더 벌어야 행복해진다는 믿음, 내 자식이 남들보다 더 좋은 대학에 가야 행복해진다는 신념, 남들보다 내가 더 좋은 위치에 올라서야 행복해진다는 마음…. 이런 무한 반복되는 당연한 질문 앞에 우린 또 발가벗겨져야 한다.

　갑작스레 선악과 시식 후에 발가벗은 것을 깨달았던 아담 할아버지가 떠오른다.

　행복과 불행 속에서 비교를 제거하는 작업! 이 난해하고도 터무니없는 시도가 가능하다고 믿는 사람들에게는 형이상학의 축복이 임할 것이라 믿는다. 당연히 그 축복은 남들보다 더 소유하는 축복이 결단코 아니다. 이 축복은 아마도 소유에서 벗어나는 자유이며, 사물과 현상에 투영된 신비한 영역으로의 몰입이며, 존재속에서 사유한다는 사실을 깨달아 알게 되는 축복이 아닐는지. 그 존재의 사유는 곧 하나님과의 동행을 인지하는 길로 안내할 것이다.

　행복은 결국, 탈비교의 과정을 지나야 하나님의 축복에 대한 오해가 풀리게 되며 그래야만 하나님을 조금이라도 제대로 볼 수가 있게 되고 하나님의 참 모습을 아는 것만큼 탈비교의 성숙으로 숙성될 수 있으니, 참 묘한 '심화순환'의 과정인 듯 하다.

스트레스

스트레스는 통솔자와 피통솔자 사이에 존재하는 보이지 않는 화폐와 같다.

'스트레스'란 불확실의 연속이다

　우선 스트레스를 일종의 삶의 고난이라 정의하고 출발을 하자. 그런데 고난이 규칙적으로 찾아온다고 한다면 그 고난은 고난이 아니다. 고난은 형식을 감지하는 예측력을 동반하지 않기 때문이다. 그건 단지 규칙적인 삶일 뿐이다. 고난이 없다고 하는 삶도 삶이 아니다. 고난은 비교될 만한 어떤 근거도 없기 때문이다. 그것은 단지 받아들여진 고난일 뿐이다.

　그렇다면 받아들여진 고난과 규칙적인 삶이란 무엇인가? 익숙해진 삶인가, 수동적인 태도인가, 아니면 초월적 자세인가…. 아마도 '불확실의 연속'을 삶으로 삼는 자의 여유가 아닐는지.

　삶은 쉽게 정의되거나 꿰뚫어 보여질 수 있는 단순한 무게를 지닌 존재이기를 거부한다. 동시에 우리의 인식을 쉽게 벗어난다. 인식 안에 두려고 할 때 가끔은 해석 되어지는 기쁨을 맛보지만 그러한 노력 뒤에는 고난도 정의되어 더불어 찾아온다는 아픔을 알고 있는지.

　우리에게 내재된 '절대선'을 향한 갈망은 그 절대선과 거리가 먼 성질이 전혀 다른 반대급부를 우선 인정해야 하는 필연적 고민에 도달하게 만든다. 그 고민이 바로 고난이다.

그렇다면 무언가를 개선해 보자는 의지는 무용지물이란 말인가! 그렇다 무용지물이다. 하지만 이 말에 허무함을 느끼지는 마시라. 그 누구도, 개인이든, 집단이든, 자신의 생각을 절대선이라 말할 수 없다 라는 것을 말하기 위함이니 오해 없으시길.

우울증

돈 벌기가 힘들어져 더 이상 돈이 나올 구석은 없는데, 여기저기서 돈을 내라고 아우성을 쳐 대고, 그것으로 어렵게 버티고 있던 최후의 여력이 제어 당하게 되면, 생존의 희망이 보이지 않게 된다. 암울한 구렁텅이로 돌진하고 있는 현실의 공포가 영혼에 엄습한다.

어느 정도의 사회복지가 이루어져 있는 요즘과 같은 세상에선 굶어 죽지야 않겠지만, 자신이 그런 부류의 인간이 됐다는 자괴감과 더불어 자기를 바라보는 세상의 평가가 두려워지면서, 자존심에 비수가 꽂히는 아픔을 경험하게 된다. 한마디로 살기가 싫어 진다.

이것을 우리는 우울증이라 부른다.

경쟁의 소용돌이 속에서 숨이 막혀 버리고 그 경쟁에서 밀려 더 이상 미래를 보장받을 수 없는 상황에 처하게 되면, 경쟁에서 이긴 사람을 겨냥해서 그냥 욕을 한번 해 대던가 아니면 자신의 자존심을 수호할 수 있는 철저한 변명을 찾는 시도를 하면 된다. 그러면 책임이 전가되면서 화풀이식으로 어느 정도 마음의 평정을 찾을 수도 있다. 하지만 실패의 순간을 자격지심으로만 바라보게 되면 그런 사람들은 재시도를 포기하거나 혹은 자살을 생각할 지경에 이르기도 한다.

사실상 경쟁의 승패를 가르는 기준은 결코 하나일 수 없다. 많은 경우 사회적 요구에 따라서 그리고 그 요구에 더 부합한 한 개인의 해석에 따라서 그 승패의 방향이 유도되어 해석될 뿐이다.

경쟁에서 우위를 차지한 사람들은 자신의 권위를 최대한 이용하여 현재의 자신의 위치를 존속시키는 데에 여념이 없으며 때론 악랄해 지는 걸 마다하지 않는다. 이런 리더십 속에서 탄생하는 사회 분위기는 쟁취와 응징의 지루한 숨막힘이 반복된다. 재현될수록 이런 순환은 우리 삶에 본질로 굳어 버리게 된다. 굳어 버린 만큼 그 사회는 소속된 사람들을 정신적 노예로 만들어 버린다.

한 마리의 장닭은 여러 암탉을 차지하지만 도태된 여러 수탉들은 주위를 배회하다 들짐승들의 먹이가 되어 버린다. 승자독식은 대다수의 사람들을 우울에 빠지게 하는 주요 이유가 된다. 우울증 치료의 우선 과제는 그런 사회적 문제를 직시하는 것이다.

갑.을.병

어느 갑의 마음 속 메모
내가 살 맛이 나는 이유는
내가 이 바닥에서 제일 잘 나가기 때문이고
따라서 나의 존재가 모두에게 각인됐기 때문이며
그에 따르는 자존 상승감을 즐기기 때문이다.

어느 을의 마음 속 다짐
내가 살아갈 수 있는 이유는
언젠가는 내가 이 바닥에서 제일 잘 나갈 것이기 때문이고
점점 나를 알아봐 주는 사람들이 생기기 시작했기 때문이며
조금만 기다리면 언젠가는 저 갑이 저기에서 내려올 것이기 때문이다.

어느 병의 마음 속 한탄
내 인생에 살아갈 희망이 보이지 않는다.
분노와 고달픔으로 인해 모든 걸 포기하고 싶다.
나를 실패자로 무시하니 죽고만 싶다.
정말 죽던가 아님 로또가 터지던가.

두려움 1

　새 직원이 내가 하는 일과 동일한 위치로 입사했다. 내가 그동안 어렵게 배워 왔던 회사 일을 단기간에 삼켜버릴 기세로 유난히 부지런을 떨며 하나하나 따져 물어본다. 이것 때문에 내 일이 지장 받을 정도이다. 더군다나 이 신입사원을 바라보는 업주의 시선은 나에게 주는 시선과 같지 않게 상당히 인자한 것이 늘 마음에 걸린다.

　아닌 게 아니라, 이 신입사원이 들어오기 전부터 나를 대하는 업주의 태도가 어딘가 변해 있다는 것을 감지했던 터라 마음이 늘 불안하다. 내가 볼 때 내 자신이 특별히 일을 못하거나 직장 동료와의 관계가 어려운 것도 없다. 단지 개인적 이유로 정해진 날에는 업주보다 일찍 정시 퇴근을 한 것이 마음에 걸릴 뿐이다.

　회사의 회칙 그 어디에도 정시 퇴근을 하지 말라는 규정은 없다. 그런데 그 신입사원은 입사 후 지금껏 가장 늦게 퇴근을 하고 있는 중이다. 그리고 업주는 요새 갑자기 노골적으로 자기의 불만을 터뜨리고 있다.

　"세상 참 좋아졌어. 회사 다니면서 개인 취미도 즐기고 말이야.

근데 회사가 없으면 취미도 없는 거지."

취미때문에 정해진 날 칼퇴근을 한 것은 아니다. 하지만 분명 회의 석상에서 들으라고 일부러 한 말이다. 업주와의 관계가 불편해지면 이내 가족들의 얼굴이 떠오른다. 나 하나만 바라보고 사는 아내와, 주말에 아빠 손 잡고 놀이동산 가는 날만 기다리는 아이들의 미소가 서글퍼 보이기 시작한다.

자신의 가족들에 대해서는 측은한 마음이 가득해지지만 업주에 대해서는 육두문자가 떠오른다.

'불쌍한 가족들 그리고 돼지 같은 사장'

만감이 교차하는 순간이다. 모든 가장들이 직장생활을 하면서 수 만번 되새기는 보편화된 분노이다.

두려움 2

두려움의 본질에는 그 심연에 죽음이 있다. 단절을 의미하기 때문이다. 죽음까지 가지 않더라도 현대인에게 늘상 쫓아다니는 두려움이 있다면 그것은 다니고 있는 회사로부터 해고 당하는 두려움일 것이다. 그리고 고용주 입장에서는 장사가 안 돼서 회사문을 닫는 두려움일 것이다.

고용인과 고용주와의 관계에서 발생하는 문제 그리고 고용주들 사이에서 발생하는 경쟁적 관계는 우리의 존재방식에 끊임없는 의문과 괴로움을 던져주고 있다.

이 모두가 재화획득의 실패와 궁핍함이 주는 삶의 어려움을 알고 있기 때문이며 그에 따르는 소속된 무리로부터의 소외와 단절이 존재이유를 상실하게 만들기 때문이다. 그래서 우린 타인으로부터의 인정에 목숨을 건다. 그것이 곧 존재하는 방식이기 때문이다.

어떤 형태이든 타인으로부터 인정을 받게 되면 마음에 생기가 발동하면서 삶의 활력이 솟구친다. 하지만 때론 그런 타인의 인정에, 재빨리 그렇지 않다고 대답하며 그 인정을 짓뭉개면서 포기하기도 한다. 한국식 겸손이다. 한국식 겸손은 경우에 따라서 칭찬하는 사람의 호의와 의견을 무시하는 무례한 반응으로 비춰질 수도 있다.

하지만 칭찬하는 이가 그 칭찬을 받는 이로부터 이러한 한국식 겸손을 기대한다는 것은 어찌 보면 모순이다. 칭찬하는 이의 칭찬이 사실은 진실이 아니고 그냥 기분 좋으라고 하는 허식이니, 그런 속내를 눈치껏 알아차리고 스스로 그 칭찬을 포기하라는 묘한 심리가 반영될 수도 있기 때문이다.

남을 칭찬한다는 것은 그 인정받는 사람의 존재를 인지시켜주는 아주 고맙고 친절한 확인 작업이다. 우리는 이렇듯 그냥 존재하는 것을 싫어하고 자신의 존재 역할에 대한 구체적 작업의 영역을 주장하길 원한다. 때론 그 영역을 망각하지만 때론 광기 어리게 추진하면서 말이다.

칭찬하는 이의 마음을 다 들여다 볼 수는 없지만 그 칭찬의 동기에는 고도의 심리가 엉킨 단순하지 않은 묘한 존재적 투쟁이 서려 있다. 남을 인정하면 할수록 인정받는 타인의 존재가치는 부각되지만 대신 그만큼 자신의 존재가치가 하락되기 때문이다. 이는 곧 자기 존재의 자리매김에 대한 위기감의 고조로 연결된다.

칭찬 조차도 순수하지 않은 이유는, 정도의 차이는 있겠지만, 누구나 발설되는 칭찬 속에 자신의 존재가치를 남과 비교하려 하기 때문이며 그 비교의 결과에 따라 두려움의 정도가 확정되기 때문이다.

시간에 따른 두려움

한 찰나의 두려움
교통사고를 간신히 모면한 직 후

한 시간의 두려움
한 시간 뒤에 돌아오겠다 하며 차 몰고 나간 운전면허를 막 딴 아
들, 그 한 시간동안 울려 대는 전화벨 소리.

하루의 두려움
합격자 발표 하루 전

일년의 두려움
올해는 붙어야 하는데.

오십 년의 두려움
내 자식들이 고생하면 어떡하지.

한 인생의 두려움
죽어서 지옥에 가면 어떡하지.

믿음

우리는 존재하기 위해 소유해야만 한다.
하지만 소유의 이유로 존재할 수는 없다.

이런 믿음은 두려운 가요?

천국에서 개털모자를 쓰는 사람은
영원토록 개털모자만 쓰면서
면류관을 쓴 사람을 부러워해야 한다

나이가 들어도 마치 사춘기의 청소년처럼 한밤 중에 창문 열어
놓고 무언가에 심취하며 인생을 생각하는 시간을 갖는 것도 그리
나쁜 것 같지 않다. 오늘도 여전히 노동력과 그에 따르는 보상에 대
해서 고민하다가 결국 천국까지 다다르게 되었다.

이상하게도 교회생활을 오래한 사람일수록 천국을 보상이 주어
지는 복지사회로 국한시키면서 그러한 나라를 꿈꾸게 된다는 사실
에 당혹스러울 때가 있다. 천국을 갔다 온 사람의 간증에서 소개되
는 이야기 중엔, 여호수아의 집을 보았는데 그 크기가 인천시청만
하더라, 누군 면류관을 쓰지만 누구는 개털모자를 쓴다는 식의 이
야기들이 있다. 마치 그들은 이 세상처럼 천국에도 계층이 존재하
는 듯한 묘사를 서슴지 않고 하고 있다. 정말 그럴까? 정말 그렇다
면 천국에서 개털모자를 쓰는 사람은 영원토록 개털모자만 쓰면서
면류관을 쓴 사람을 부러워하며 죽음 없는 삶을 살아야만 한다는

이야기가 되고 만다. 진짜 그럴까? 진짜 그렇다면 개털모자를 쓰는 사람들끼리 모여서 황금빛 찬란한 면류관을 쓴 사람들과 한 판 붙어 그 황금면류관을 빼앗아 오자고 모이며 싸움내지는 전쟁을 일으킬 만도 할 것 같다. 이쯤 되면 천국의 거룩함이 손상 받는다고 생각하여 아마도 이런 이야기로 반박할 것이다. 천국은 시기와 질투가 없는 곳이기 때문에 그런 싸움과 전쟁은 없을 것이라고 말이다. 맞는 말이다. 그러나 누가 천국에 시기와 질투가 있다고 말했단 말인가! 단지 이 세상에서 우리가 한스럽게 생각하는 빈부에 대한 보상으로만 천국을 국한하고 있는 해석들이 오히려 이상한 듯싶어 하는 말이다.

결국 우리가 상상하고 믿는 천국은 다분히 현 세상에서 겪는 고통에 대한 보상으로 생각하기 쉬우며 그렇기 때문에 하나님이 준비하신 천국을 우리는 어쩔 수 없이 오해하며 살아갈 수 밖에 없는 한계를 우선 인정하는 것이 중요할 것 같다. 흑인노예들의 천국 소망은 꿈이 없는 이 지옥같은 현 세상에서 탈출하여 신분차별없이 누구나 평등하게 살 수 있다는 소망일 것이며, 콜로세움에서 사자에게 팔이 뜯겨 가며 외친 예수의 나라는 더 이상 살인과 전쟁이 없는 평화의 나라일 것이며, 먼저 천국으로 간 부모를 그리워하는 어린 아이의 마음에 새겨진 하늘나라는 엄마 아빠를 다시 만날 수 있는 나라일 것이다. 이 모든 요구들을 전부 충족시키면서 동시에 모든 사람들을 모순없이 만족시키려면 정말 하나님이 아니면 천국이라는 내세는 절대 설계 불가일 것이다.

현시대는 상대적 빈곤감의 시대이다. 여전히 문제가 많은 세상임에는 틀림없지만 오래 전과 비교하면 먹고 사는 기본 문제와 인권의 문제가 나름 진일보하였다. 단지 기본이 해결된 상태에 머물기 보다는, 기본이라는 개념 자체를 서로 비교하며, 그 비교의 상대적 척도가 개인을 평가하는 중요한 잣대가 되어 버렸다. 이것은 개인이 가지고 있는 재화의 총량뿐 아니라 인간관계 속에서 결정되는, 인정받고 싶은 욕구의 총량까지도 포함하면서 현대를 살아가고 있는 기독인들의 천국 소망에 상당한 영향력을 행사하고 있는 중이다.

상대적으로 더 많은 재화를 획득하며 동시에 남에게 더 인정받을 수 있는 직업군으로의 돌진이 이 시대를 지배하는 시대정신이라 말하지 않을 수 없다. 무엇을 하든 그 직업을 통해 돈을 더 많이 벌던가 아니면 더 많은 타인으로부터 인정받을 수 있는 다른 무엇을 분명히 소유하던가, 나아가 그 두 가지를 모두 가지고 있던가 하는 것으로 요약될 수 있겠다. 그러니까 경쟁속에서 더 나은 위치를 확보해야 한다는 이러한 시대정신을 그대로 기독인들의 신앙으로 끌어오면 이것이 흔히 말하는 기복신앙이 되는 것이다.

한 개인의 간증을 통해 본인의 사회적 위치의 경쟁적 우위를 하나님의 축복으로 선언하거나 자녀의 우수함을 하나님의 선물로 선포하듯이 말한다면, 그것이 틀리다고 말할 수는 없겠지만, 그러한 비교 우위적 간증은 그러한 위치에 오르지 못했거나 똑똑치 못한 자녀를 둔 수 많은 다른 사람들의 삶에 대해서 그것이 하나님의 축복을 받지 못한 결과라고 선언하게 되는 치명적인 영적 오류를 동시에 범하게 되는 것이다.

하나님은 그렇게 축복이라는 것을 세상에서 얻고 싶어하는 그런 찰나적인 재물과 자랑함에 두지 아니하신다는 사실에 많은 기독교인들은 기꺼이 동의를 한다. 하지만 사실로서는 동의하면서 현실로서는 전혀 그렇지 못하다는 것이 우리의 슬픔인 것이다. 아마도 평생을 살아도 이러한 모순에서 벗어날 수 없는 것이 기독교인 뿐만 아니라 우리 모든 인류의 한계일 것이다. 그러기 때문에 이러한 한계가 없는 것이 천국이라고 생각해야 하는 것이 현대를 살아가는 기독교인들의 진정한 천국 소망이 아니겠는가!

말로서는 간단하지만 그러한 천국을 상상하는 것은 정말로 쉬운 일이 아니다. 육신이 세상에 매어 있는 한, 우리의 육체가 공간 속에 묶여 있는 한, 입자와 물질에 기본을 둔 우리 인류의 이성은 결코 시공을 초월한 하나님의 나라를 느낄 수 없기 때문이다. 정말 죽어봐야만 아는 나라인 것이다. 그래서 보지 않고 믿는 우리는 복된 것이며 그것이 믿음의 본질일 수 밖에 없으며 그래서 히브리서 기자는 말하기를 "믿음은 바라는 것들의 실상이요 보이지 않는 것들의 증거니"라고 11장에 기록하고 있는 것이다.

그러므로 '상대적 비교와 우열' 이것을 극복하는 몸부림으로 천국을 상상하며 꿈꾸고 그것을 믿으며, 나름 그 천국을 현 세계에서 조금은 맛볼 수 있도록 더불어 살아가는 세상을 실현하고자 애쓰는 사람이야말로 그 천국 믿음을 실천하고 살아가는 진정한 이 시대의 구도자가 아니겠는가?

결국 인류는 그 이성이 발달할수록 하나님이 마련하신 천국의 본질을 아주 조금씩 이해해 나갈 뿐, 여전히 그 전체를 이해하기는 요원한 것이다.

왜냐하면 하나님은 전지전능하시기 때문이다.

이런 목회자의 출현

남보다 더 잘 살고 싶은
'상대적 빈곤에서의 탈출'을
신앙과 순종의 대가로 여긴다

만약 사업을 하는데 있어 영성이 필요하다면 그건 어떤 영성일까? 돈 많이 벌어 선교사업을 하겠다던가 아니면 가난한 사람을 도와주겠다는 그런 영성, 아니면 기독교인으로서 정직하게 벌어서 제대로 써 보겠다는 영성, 아님 회사를 문닫지 않고 제대로 돌아가게 하여 회사직원과 그 가족에게 경제적 버팀목이 되겠다는 영성, 또한 회사의 환경을 정말 민주적이며 기독교적으로 만들어 짜증나지 않고 즐길 수 있는 직장으로 만들겠다는 그런 영성.

결국 위에서 이야기한 사업적인 영성을 실현하기 위해서는 그 바탕에 사업이 잘 돼서 이윤을 충분히 남겨야 한다는 것을 기본적으로 깔아 놓고 있어야 한다. 이윤을 남기지도 못하면서 위에서 언급한 일을 실천할 수는 없는 노릇이기 때문이다.

이윤창출과 기독교적 영성의 연결고리를 찾는 것은 쉽지 않아 보인다. 더 아쉬운 것은 두 팔 걷어 붙이고 그 연결고리를 찾고자 달려드는 목회자를 찾기가 더 쉽지 않다는 사실이다. 설교를 통해 그냥 순종하면 복 주신다는 말씀으로만 일관되게 반복하는 경우가 대부분이다.

그럼 순종하면 복을 주신다는 말씀 속에 있는 그 복의 정의가 필요한데, 솔직히 이 복을 단지 추상적인 의미의 복으로만 생각하지는 않을 것이다. 물질을 주신다는 말씀을 포함시킬 것이며, 구체적으로 성도들의 내면에 있는 기복적인 신앙을 있는 그대로 드러내 놓고 얘기한다면, 자기의 순종과 믿음의 강도는 곧 이윤추구의 분량에 비례되어 있다고 말할 수 있을 것이다. 솔직하게 말해서, 상대적 빈곤에서 탈출하여 우위적 부를 차지하고 싶은 욕망이 아니라고 그 누구도 부인할 수 없을 것이다.

그리스도인의 이윤추구와 관련하여, 이윤을 추구하기 위해 실행되는 노동에 대한 기독교적 사상을 '노동에 대한 영성'으로 해석할 줄 아는 목회자가 우리에겐 절실히 필요하다. 목회자조차 교회의 부흥을 교세의 확장에 두고, 그에 따른 경제적 활용에 교회 존재 가치를 묶어 두며, 이것이 바로 하나님의 은혜라고 선언하고 거듭 강조하니, 교인들은 그런 반복적 설교에 세뇌될 수 밖에는 없는 것이다.

사업이 잘 되기를 원한다면, 자녀가 공부 잘 하기를 원한다면, 질병없이 건강하게 오래 살기를 원한다면, 교회에 충성해야만 한다는… 그런 두려움.

왜 목회자는 교회의 수적 성장을 하나님의 뜻을 실행하는 방법으로 한결같이 주장하고, 성도들은 거기에 따르는 것을 하나님에 대한 순종으로 확실하게 믿는 것일까? 기독교인이 말하는 세상…. 이 세상은 오히려 이윤을 추구하여 부자가 되고 싶다고 솔직하게 이야기하는데, 오히려 기독교인은 초월한 듯 말하면서도 사실 그 속을 들여다 보면, 부자가 되어 남보다 더 잘 살고 싶은 '상대적 빈곤에서의 탈출'을 신앙과 순종의 대가로 여기며 살고 있다.

현대 문명을 이룬 그 근간이라 할 수 있는 '경쟁적 이윤추구', 이게 삶의 상식이라면, 이게 하나님이 허락하신 방법이라면, 현대교회의 교세 확장은 교리적 문제가 전혀 없는 하나님의 뜻인 것이다. 하지만 현대 문명의 '경쟁적 이윤추구'를 버릴 수는 없다 해도, 이것이 하나님의 뜻과 거리가 있다면 교회에 몸 담고 있는 우리가 교세 확장 외에 바라볼 수 있는 다른 하나님의 뜻은 없는 것일까?

"경쟁적 이윤추구의 회오리 바람 속에서 기독교인들은 무엇을 바라봐야 하는 것일까?"

"왜 하나님은 이러한 상대적 가치속에서 가능하면 더 갖고 있어야 안심되는 환경 속으로 인류를 밀어 넣으셨을까?"

이런 것을 고민하는 목회자가 우리는 그립다. 이걸 연구하고 고민하는 것이 진정한 영성추구의 길이 아닐는지.

찬양집회와 집창촌

자살하려는 순간
아주 미약한 희망이라도 느낄 수 있다면
인간은 자살을 뒤로 미루거나 포기한다고 한다

찬양집회의 무대조명을 살펴보면 상황에 따라서 파란빛을 기본으로 하고 거기에 보라빛을 살짝 섞어서 사용하는 경우를 종종 보게 된다. 이런 색으로 무대를 비추게 되면 사람에 따라서 "역시 전문가가 꾸미는 무대조명이니 다르긴 다르다." 혹은 "은혜스러운 분위기이다." 아님 "찬양집회와 걸맞지 않은 조명이다." 등 여러가지 의견들이 나타난다. 백인백색이니 한 가지만 옳다고 확정할 수는 없다.

조명빛에 대해서 일본에서 실지로 실행했던 방법이 있다. 달려오는 지하철에 몸을 던져 자살하는 비율이 자꾸 증가하게 되어 이 자살을 막는 방법을 찾아 고심하던 중에, 심리학자의 의견을 수렴하여 지하철 플랫폼에 파란색 빛을 발산하는 조명을 켜 놓았다고 한다. 파란색 조명은 사람의 마음 상태를 편안하게 하는 성질이 있다는 조사 결과를 따른 것이다. 자살하려는 순간 아주 미약한 희망이라도 느낄 수 있다면 인간은 자살을 뒤로 미루거나 포기한다고 한다. 실지로 금문교에서 투신을 하고 기적적으로 살아난 사람들의 증언에는, 몸을 던진 그 직후부터 자살 시도를 후회한다는 증언이 있다. 일본의 지하철은 이런 파란조명 설치 이후로 지하철 자살률이 현저히 줄었다고 발표했다.

평안함을 주는 파란색 조명 외에도 이 파란색에 빨간색을 첨가하여 만들어지는 보라색을 조명 빛으로 같이 사용하고 있다. 보라색 역시 사람에 따라 다양한 의견이 가능하겠지만, 그 대표적 해석 중에 하나는 '신비로움'이다. 그러니까 참석한 사람들이 찬양집회를 통해 마음의 평안함을 누리며(파란색), 하나님의 대한 신비로움을(보라색) 느끼게 하기 위한 노력이라고 할 수 있겠다.

그러나 놀랍게도 집창촌도 조명을 만들 때 파란색과 보라색을 섞어 사용하고 있다. 집창촌의 그 독특한 분위기는 바로 그 불빛에서 말미암은 것이다. 고도의 상술이다. 집창촌 여인과 함께 하면 평안할 것이라는 암시와 성적인 신비로움으로 남자들을 유혹하고 있는 것이다.

각각의 색이 가져다주는 일반적인 '감정유도의 특성'을, 그 자체로서, 그냥 하나님이 우리에게 주신 '보편적 특성'이라고 정의를 내린다면, 그 특성을 이용해서 누구는 찬양집회를 개최할 수도 있지만 반대로 어떤 이는 매춘을 할 수도 있다는 결론을 얻게 된다.

집창촌의 분위기만 생각하여 공연히 애꿎은 파란색과 보라색을 악마의 색이니 뭐니 하면서, 그 색을 쳐다보는 것 조차 죄악시 해서는 안 될 것이다.

우리는 하나님이 원하지도 않는 규칙을 만들어 놓고 그 규정을 따르면서 스스로 하나님 앞에 당당해지는 연습을 자주 하면서 살아가는 것 같다. 자기위안을 위해 만든 영적규칙을 강한 어조로 남에게 조차 따르기를 지시하면서 타인을 자주 괴롭힌다.

자신의 영적굴레를 타인에게 전염시키는 영적사냥과도 같다.

부유해지고, 머리 좋아지고, 건강해지는 교육

언젠가는
'경제권력의 한시적 임기'에 대하여
상호동의를 이루어 나갈 수 있을 것이다

우선 부유하고 머리 좋고 건강한 것은 축복이며 더 나아가 그것이 좋은 신앙의 결과라는 관념에서 탈출하는 것이 필요하다. 물론 이러한 것을 가지고 있는 것이 없는 것 보다는 훨씬 좋을 수는 있겠지만, 솔직히 말해 '부'란 그 구조적 혜택을 부정하고 순수하게 얻을 수 있는 것은 아니다. 예를 들어 귀족의 신분을 가지고 있는 중세의 한 카톨릭 신자가 자신이 현재 누리고 있는 축복을 하나님께 감사했다고 한다면, 그 감사 자체는 좋다고 볼 수 있겠지만 일반 백성을 소작농으로 만든 대가로 얻은 경제적 독점에 대해서 그걸 하나님이 주신 지혜로 여겨 하나님께 영광을 돌렸다면, 이건 어딘가 좀….

그럼 그 때 보다는 여러가지 상황이 좋아졌다고는 하지만 현대에도 여전히 해결해야 될 숙제들은 많이 있다.

중국은 상위 1% 가구가 국내 자산의 3분의 1 이상을 보유하고 있는 반면 하위 25% 가구는 국내 자산의 1% 수준만을 가지고 있다.

그냥 중국은 이제 막 시작해서 그렇다고 얘기할 수 있겠지만, 산업혁명의 발생지인 영국도 명문 옥스퍼드 대학의 입학생들을 분석해 보면 영국 전체 고교 3,700여개 중에 사립학교가 80% 비중인 200여개의 명문 고등학교 출신들이 전체 합격 비율의 절반을 차지해 버린다. 영국 명문 사립학교의 한 해 학비는 4천만원이 넘지만 그 부대비용까지 합친 상상을 초월하는 교육비를 여유롭게 지불할 수 있는 상류층 자녀들이 결국 옥스퍼드를 점령한 셈인 것이다.

그 때와 비교해서 변한 게 있다면 자자손손 대를 이어 가는 왕권이, 투표로 자신들의 왕을 뽑는 '정치권력의 한시적 임기'라는 놀라운 방식이 상식화 되어간다는 것이다. 솔직히, 이것이 하나님이 주신 '거시적 축복'이라 생각된다.

잠깐 다른 말을 꺼내자면, 길가다가 우연히 보게 되는 꽃 하나에도 그 광합성과 관련된 태양광의 조건과 대기권의 기체 성분의 비율, 뿐만 아니라 그 태양이 존재할 수 있게 만드는 은하계와의 역학 관계 등, 우리가 차마 알 수도 없는 여러가지 물리적 관계들이 서로 밀접하게 얽혀져서, 어느 한가지로는 설명이 안되고 어떤 형태로든 상호간에 영향을 주고 받으면서 더불어 살아갈 수 밖에 없는 연결성을 결국에는 증명한다는 것이다. 한 마디로 길가에 뒹구는 낙엽 하나에도 전 우주가 관련되어 있다는 사실이다. 하지만 우리 인간에겐 그런 끈끈한 상호성을 그저 천천히 깨달아 간다는 답답함이 있다.

그러니까, 우리가 바라는 부유함과 영리함과 건강함에 대한 해석은 결국 인류가 겨우 만들어 낸 사회조직과 역사성의 범주를 뛰어 넘기가 어렵다는 것이다. 한 개인의 가난과 무지와 질병, 이것을 전체의 틀에서 보면 단순히 개인 잘못으로 돌리기에는 인류의 태생적인 억울함이 존재하는 것 같다. 그 태생적 문제를 해결하기 위해 그래서 예수님이 돌아가셨다.

정치적으로 왕정시대가 종말을 맞고 공화정이 들어서고 점점 민주화가 이루어진다는 점층적 이야기들은 결국 정치구조는 변화하는 중이며 그 변화의 폭만큼 각 개인과 전체와의 필연적 관련성을 인류가 이해했다는 것을 증명하는 것이다. 이러한 개체와 전체와의 상호 관련성은 짧은 인생을 사는 한 세대만의 인식으로는 여전히 그 모순만이 확인될 뿐이겠지만 흘러가는 그 역동성을 바라보면 왕정에서부터 시작하여 민주정치의 모순을 인식하는 단계까지 달려온 인류가 앞으로 또 합리적인 제도로 나아갈 것이라는 것은 정말 기대해 볼 만한 일이다.

물론 준비된 첨단무기로 일시에 자멸할 수도 있다.

자멸하느냐 아니면 더 발전하느냐의 문제는 결국 개인의 관점에 따라 그 예측은 달라지겠지만, 아무래도 자멸하여 끝난다 혹은 퇴보한다고 보기 보다는 더 발전한다고 생각하고 앞으로 나아가는 것이 더 바람직할 것이다. 그래서 우리 후손들의 미래를 낙관한다면, 그들은 우리의 영원한 숙제인 '경쟁'에 대한 바른 해답을 찾을 것이라 생각된다. 여기에는 단서가 있다. 바로 자본주의에서의 탈출이 그것이다. 인류가 투표를 통한 '정치권력의 한시적 임기'라는 상호

동의를 이루어 가는 정치상황을 긍정한다면 이것이 인류의 경제에까지 영향을 미쳐 언젠가는 부의 한시성을 의미하는 '경제권력의 한시적 임기'에 대한 상호동의도 이루어 나갈 수 있을 것이다.

'부'를 서로 나눈다는 이야기는 결국 어느 한 개인에게 가문을 통해 상속되는 영속적인 부의 대물림을 방지하겠다는 의도이다. 이것이 현재로는 세금징수와 같은 방법을 통해서 시도되기는 하지만 더 근원적인 문제는 역시 '경쟁사회'라는 그 근본적 사회체계 속에서 답을 찾아야 할 것이다. '경쟁사회와 자본주의'는 현재까지 인류가 생각해 낸 가장 합리적인 방법일 뿐 그것이 변하지 않고 그대로 진행될 리 만무하다. 부족사회의 취약성을 극복하기 위해 발생한 왕정은 각 부족들이 서로 정복하고 연합하므로 얻게 되는 군사력의 증강으로 타부족과 타왕국을 정복하게 되고 이 정복으로 얻게 된 새로운 국토와 노동력 그리고 전리품을 통해 한 국가의 복지를 이루어냈다. 그 때에는 인권이란 말이 그야말로 신선놀음보다도 못한 의미로 치부되었다. 그러한 정복전쟁이야말로 그 당시에 생각해 낼 수 있었던 복지국가의 현실이었기 때문에 군사력은 최대 관심사가 되었다. 물론 현대 사회도 군사력은 최대 관심사 중에 하나이기는 하지만, 그 때 보다는 인권이란 말이 조금은 통하는 시대가 되었다.

현대를 살아가는 우리가 우리의 선조가 당연시했던 '정복전쟁' 즉 '군사전쟁'의 합리성에 역사적인 한계성을 부여하는 것처럼, 우리의 후손들도 우리가 당연시하고 있는 현재의 국가간의 '자본전쟁' 즉 '경제전쟁'을 또다른 역사적 부산물로써 그 한계성을 부여할 것이 분명하다. 그러한 한계성을 부여한다는 것은 또다른 합리성에 대한 필요성을 인식했다는 증거가 된다.

핀란드는 수 년전 부터 이러한 경쟁사회의 폐단을 인식하고 경쟁이 극소화된 교육제도를 실천해 오고 있다. 그 결과 교육경쟁의 최첨단 국가인 한국을 이기고 PISA에서 수 년 동안 1위를 차지하기도 했었다. 당시 세계언론은 가난한 약소국이었던 한국이 2위를 차지한 사실에는 관심이 없고, 경쟁을 탈피하면서도 오히려 1위를 차지한 핀란드의 교육제도에 감동을 받았었다. 경쟁이 주된 요소가 아닌 교육제도로 오히려 경쟁이 전부인 교육제도의 결과보다 높은 성적을 받았다는 사실에 주목할 필요가 있다. 한국학생이나 핀란드학생이나 둘 다 우수한 것은 사실이지만 한국학생은 학교생활에 행복을 느끼지 못하는 반면 핀란드학생은 학교생활에서도 행복을 느낀다는 결과를 말하는 것이다.

독일도 경쟁위주의 교육제도에서 탈피한 지 오래되었다. PISA 순위에서는 중하위권이지만 그렇다고 다시 이전의 경쟁교육제도로 절대로 돌아가지는 않는다. 두 차례의 세계대전의 이유가 바로 독일인의 경쟁위주의 교육제도란 사실을 그 어느 민족보다도 뼈저리게 깨닫고 있기 때문이다.

영국도 2004년부터 Creative Partnership이라는 교육제도를 출범시키고 여기에 국가의 미래를 걸고 있다. 경쟁속에서 창출되는 결과물보다 창조적 환경속에서 이루어지는 결과물이 훨씬 낫다는 이야기를 하고 있는 것이다. 한국이 더 나은 학원 더 유명한 강사를 찾아 그 경쟁의 끝을 향해 달려가는 동안 그들은 역사라는 전체적인 틀을 바라보고 더 인간적인 방법을 통해 진정한 행복을 찾아 그 방법을 꾸준히 변화시켜 가고 있다.

늘 이야기되는 '더불어 사는 사회', 이것이 말로만 그치지 않고 정말 실행될려면 '더불어 사는 사회'가 '더불어 공부하는 제도'로 바꾸어야 한다. 그런데 우린 그렇지 못한 것이다.

그렇다면 기독인의 입장에서 "과연 하나님은 어떤 교육제도를 원하실까" 한번 숙고해 볼 필요가 있지 않을까?

아주 지겨운 주제1 (영성이란 무엇인가)

묵상은 절대자와의 어떠한 거래도 무시되는
그냥 그를 바라보고 닮고 싶어하는
앙망함으로 이루어지는 것이다

영성수련에 대한 논의들은 인간에게 영이 존재한다는 사실을 전제로 시작된다. 이성과 감성이라는 비물질적 자아가 인간의 내면에서 스스로 인식 되는 그 근거는 바로 육체를 통해 나타나는 행위에 대한 그 동기 제공에 있다. 따라서 이성과 감성의 실존은 자아가 성장한 이들에게는 그리 어렵지 않게 받아들여지는 사실일 뿐이다. 많은 이들이 행위와 관련된 그 내면적 근거에 의해 이성과 감성의 존재를 쉽게 이해하는데 반해 영에 대한 실존은 사실 많은 이들에게 받아들여지기 어려운 것이 되고 있다.

그 영의 실체를 이해하기 위해 한가지 예를 들어본다. '일단 정지선'을 5m 전방에 둔 한 운전자가 있다. 차가 그 '일단 정지선'에 가까이 갈수록 이 운전자는 고민하게 된다. 정확하게 정지선 안에 정지한 후 다시 출발할 것인지 아니면 서서히 속도를 줄여 완전히 정지하지는 않았지만 정지한 듯 살살 차를 몰아 부드럽게 지나갈 것인지 고민하게 된다. 그의 감성은 다시 재출발해야하는 불편함이 싫어 한적한 이 교차로를 그냥 정지한 양 살짝 지나가려 한다. 하지만 그의 이성은 법을 지켜야만 한다고 호소하고 있다. '법을 지켜야만 한다는 호소', 이 호소의 실체를 파헤쳐보면 두 가지로 나뉘어지게 된다. 하나는 법을 준수해야 한다는 준법적 이성이고 나머지 하나는 만약 숨어있는 경찰에게 들키게 될 때 그가 지불해야 하는 벌칙금이 주는 속박적 이성이다. 이 운전자의 감성은 답답한 '일단 정지선'을 은근슬쩍 지나가고 싶어하고 동시에 그의 이성은 법을 지키는 것이 마땅한 도리라는 절제의 소리와 만약에 걸린다면 금전적 손해가 가해지는 불편한 것이라는 강권의 소리를 내고있다.

이에 대해서 옛 철학자들은 목적론적 윤리설이니 의무론적 윤리설이니 하는 말들로 이미 정리를 해 놓았다.

그렇다면 법을 지켜야 한다는 절제의 소리의 실체에 대해 기독교인의 입장에서 생각해 보자. 그 절제의 소리의 한 가지는 법을 지켜야 한다는 그의 초월적 이성 즉 윤리적 이성이 금전적 손해를 비켜가려는 그의 일반적 이성과 편하게 운전하고자 하는 그의 감성을 통제했다고 보는 견해이다. 또다른 한가지는 그 사람이 기독교인이기 때문에 그의 영성이 금전적 손해를 비켜가려는 그의 일반적 이성과 편하게 운전하고자 하는 그의 감성을 통제했다고 보는 견해이다.

언급한 초월적 이성, 윤리적 이성을 동기가 순수한 이성, 인류

공동 존재가치에 부합한 보편 타당한 이성으로 간주한다면 비기독교인들은 어쩌면 이러한 이성을 계산적이고 이기적이지 않는 이타적 동기의 발로로서 정의할 것이다. 영성과는 아무 상관없는 것으로 말이다.

하지만 인류의 공동 가치이니 초월적이니 이타적이니 라는 말속에 숨겨져 있는 놀라운 증거가 하나 있다. 그것은 그것이 어떠한 바람직한 가치로서 숭고한 철학적 이념이나 정신을 드러내고 싶어한다는 사실이다. 이러한 형이상학적인 추구속에는 어떤 절대적 가치를 찾고 이해하고 정의하고 싶은 인류의 오래된 숙원과도 같은 어떤 처절함이 숨어있다. 비기독교인들조차도 일반적 이성과는 구별된 보다 상위적 개념의 무언가가 있다는 그런 기대…. 이것이 바로 영성이 존재한다는 증거가 되는 것이다.

이러한 초월적 이성이 영성을 증거한다는 의미를 더욱 자세히 들여다 볼 필요가 있다. 위에서 언급된 예가 시사하는 바는, '일단 정지선'에서 확실하게 정지하는 것이 윤리적 관점에서 선하고 옳바르다는 것이다. 벌칙금이 무서워 정지한다면 그것은 단지 일반적 이성의 행위일 뿐이라는 사실이다. '일단 정지선'에서 정지한다는 한가지 결과론적 행위에 대해 그 행위의 근원은 다를 수 있다는 것을 보여주는 것이다. 마치 지하철안에서 서있는 노약자를 위해 자리를 양보하는 청년의 행위가 그가 노약자이기 때문에 양보를 했는지 아니면 주변의 시선때문에 할 수 없이 양보를 했는지의 차이라고 할 수 있겠다. 그러나 여기에서 한가지 더 짚고 넘어가야 할 사실이 있다면, 그 청년이 그 노약자를 사랑하는 마음이 있어서 그 마음 때문에 실천한 것인지 아니면 비록 그런 인류애적인 사랑은 없었지만 그것이 옳은 것이기 때문에 실천한 것인지에 대한 차이이다. 물론 전자가 후자보다 나은 것이라 말할 수 있겠지만 여기에 바로 영성과 초월적 이성과의 관련성이 숨어있다. 이것은 "사랑하고 있다"라는 사실과 "사랑해야 한다"라는 사실의 차이라 할 수 있다.

실제로 측은지심의 뜨거운 마음이 없을지라도 그 도리를 알고 있기 때문에 행하는 "사랑해야 한다"라는 것은 노약자를 바라보는 불쌍하고 동정심 어린 "사랑하고 있다"와 사실 동일하지 않다.

그러나 "사랑해야 한다"라는 의무감은 "남이 쳐다보니까 할 수 없이"보다는 적어도 한 발 "사랑하고 있다"에 근접하고 있다. 의무론적인 초월적 이성은 일반적 이성이 영성으로 가는 그 과도기적 위치에 자리잡고 있는 것이다. 이러한 초월적 이성은 영성과 일반적 이성의 양면을 동시에 가지고 있고 우리가 이해할 수 있는 내면적 동기를 포함하면서 영성으로 가는 그 단초를 제공하고 있다. 이러한 사실은 각 영역들에 대한 특성과 위치를 알려줌과 동시에 영성 훈련으로 가는 그 답을 제공하기에 이른다.

그렇다면 영성훈련의 답이 나왔다. 바로 육신을 따르는 감성적 행위를 일반적인 이성으로 통제하는 훈련에서 시작하여 단순 통제 기능을 갖는 일반적 이성을 "사랑해야 한다"라는 초월적 이성으로 변화시키고 나아가 "사랑하고 있다"라는 영성의 동기를 갖는 과정이 바로 영성 훈련의 과정이 되는 것이다.

일반적 이성의 단순 통제 기능은 사회적 규약으로 표현될 뿐이지만 "해야 한다"라는 초월적 이성은 사람의 됨됨이를 표현하는 보다 고차원적 개념으로 사회적 규약 이상의 의미를 가지고 있다. 그러나 이타적 사랑의 원천적 힘을 가지고 있는 "하고 있다"라는 영성의 순수함은 그 무엇과도 비교될 수 없는 고귀한 것이 된다.

영성과 일반적 이성과의 과도기적 상황 다시 말해 영성과 일반적 이성이라는 두 집합의 교집합으로서 초월적 이성이 자리잡고 있기 때문에 영성만이 가장 풍부할 수도 있지만, 경우에 따라 일반적 이성만이 가장 큰 우위를 차지할 수도 있고 두 가지가 교차되는 초월적 이성이 가장 지배적일 수도 있을 것이다. 이것은 사람에 따라 달라질 수도 있지만 어느 한 개인을 두고 이야기할 때에는 상황과 특수한 배경에 따라 역시 달라질 수 있는 아주 가변적인 것이다.

하지만 일반적 이성에서 영성으로의 평균적 점유율이 이동하는 것을 영적성장, 영성개발 이라는 말로 대변할 수 있다. 절대자가 우리를 사랑하고 있는 것처럼 우리도 우리 이웃의 대한 그 사랑의 마음을 우리 내면에 실존화시키고 그 점유율을 높이는 작업을 하는 것이 영성을 개발하는 과정이 되는 것이다.

이런 영성개발을 위해 기독교인이 하는 훈련의 하나가 그러한 모든 것을 가지고 있는 절대자를 묵상하는 것이다. 묵상의 행위는 바로 닮아가는 것이다. 절대자를 묵상하면 할수록 절대자를 조금씩 이해하게 되고 이해하는 폭만큼 그를 닮아갈 수 있는 것이다. 그의 사랑의 내용을 조금씩 자기것으로 할 수 있게 되는 것이다.

이것은 '일단 정지선'에서 정지함으로 벌칙금을 내지 않아도 된다는 일반적 이성이 주는 부차적인 결과를 선봉장으로 내세울 수는 없는 것이다. 이런 하위개념으로는 도무지 설명이 안되는 것이다. 하위개념에 미련을 두는 한 그보다 훨씬 고차원적인 영성의 느낌을 갖는 것을 포기해야만 할 것이다.

그러므로 영성훈련으로서의 묵상은 절대자와의 어떠한 거래도 무시되는 그냥 그를 바라보고 닮고 싶어하는 앙망함으로 이루어지는 것이다.

육체적인 능력향상을 위해선 요구되는 체력을 배양하고 운동기술을 익히는 것이 필요한 것처럼, 어떤 논리적 현상을 이해하기 위해서 이미 그 현상에 대해 밝혀진 원리들을 반복 학습하고 재관찰로 확인해야 하는 것처럼, 그리고 독특한 감정의 발로를 이해하고 내면화 시키기 위해서 삶이 주는 역동적 상황속에서 가슴앓이가 필요한 것처럼, 영성개발을 위해선 영성의 주체인 절대자를 향한 그의 속성을 뚫어지게 쳐다보는 것이 필요하다.

영성은 삶의 근원적 출발이기 때문이다.

아주 지겨운 주제2 (기도를 드린다는 것)

기도는 피조물의 입장에서
조물주의 절대성에 의존하여
원하는 것을 의식화하는 영혼의 작업이다

삶이 요구하는 절실한 대상이 있다. 그걸 얻으려 발버둥 쳐 보지만 어림도 없다. 기적이 필요하다. 그래서 기도를 한다. 아주 간절히 말이다. 이런 경우의 기도는 그 대상을 얻기 위해 절대자에게 매달리는 강렬한 간구의 의식이 존재하게 된다.

그런데 조금 다른 의식이 있다. 절대자에게 매달릴 때, 원하는 그것을 가져야만 하는 당위성에 대해 절대자를 납득시켜야 하는 자기 주장이 있게 마련인데, 이런 자기 논리를 펼 때에 작용되는 의식을 의미한다.

첫 번째 의식은 '절대자를 향한 절대성'에 기인한 믿음이 동반된다. 기적을 베풀 수 있는 분이라는 강한 기대감이다. 여기에 의심은 어떤 형태이든 절대 용납될 수 없다.

두 번째 의식은 '절대자를 향한 당위성'에 기인한 자기성찰이 동반된다. 원하는 그것이 절대자의 뜻과 일치되어야 한다는 의무감을 말하는 것이다. 이런 의식은 자신의 뜻과 절대자의 뜻을 동일화 시키는 그 기준 설정이 무엇보다 중요한데 그 기준을 찾는 과정에서 선한 동기에 대한 강력한 도전을 받게 된다.

첫 번째 의식은 어린아이와 같은 순수한 믿음이면서 동시에 영글지 않은 미성숙이 존재한다.

두 번째 의식은 성숙한 깊이로 성장하는 믿음인 반면 믿음의 본질에 한계성을 부여하는 불신의 습관을 얻게 된다.

한 유명한 예화가 있다. 가뭄으로 고생하는 시골 주민들이 교회에 모여 비를 내려 주시기를 기도한다. 그리고 기도회를 마친 그 다음 주일, 여전히 화창한 그 일요일에 우산을 들고 예배에 참석한 교인은 아홉살 소녀 혼자 뿐이었다. 자주 인용되는 설교 예화다. 주로 진정한 믿음의 예로써 인용된다. 이 이야기가 수 백년 전의 실화인지 아님 현대의 이야기인지는 모르겠으나, 만약 오늘날의 이야기라면, 그 교회 장년 교인 중에 상당 수는 이미 일기예보를 예배 직전까지 확인했었을 것이다. 만약 예보에서 구름이 조금 끼인다는 언급만 있었어도 많은 교인들이 우산을 들고 왔을 것이다. 아마도 100% 맑음이 예보되어 거의 모두가 우산 없이 교회로 온 것이다.

비를 주실 것이라는 믿음이 확고하다면 일기예보쯤은 나약한 인간의 하찮은 자기 안위 수단으로 치부해야 할 것이다. 당연히 우산을 들고 왔어야 했다. 우산을 가지고 오지 않은 이들의 영혼이 비난받을 수도 있다. 하나님을 의지하는 것보다 세상을 더 의지한다고 하면서 말이다. 그러나 이런 방식의 이야기는 믿음에 대해 '절대자를 향한 절대성'에 무게를 둔 것일 뿐, 그래서 그 순수함으론 좋게 기억될 순 있겠지만, 이런 믿음으로만 신앙생활을 하다가는 오히려 다른 이들을 다치게 할 수도 있다.

　그 시골 지역의 90%는 농업에 종사하지만, 그렇지 않은 10% 중에 지하수를 개발하는 회사 사장이 있는데 이번 가뭄으로 인해 오히려 그 사장은 작년 대비 20배 매출을 올렸다고 가정하자. 하지만 그가 오랜 기간 동안 자금난으로 인해 부도의 위기에 직면에 있었으며 수 년 동안 병든 노부모의 병치레로 모든 재산이 바닥이 났고 그러나 그 가운데에서도 그는 기도를 쉬지 않은 신앙인이었다 라고 한다면, 그가 누리는 그런 경제적 호황은 하나님이 그의 기도를 들으시고 그를 위해 가뭄을 내려 주셨다는 해석을 정당화 시킬 수 있다. 하지만 단순하게 그런 단정을 내리게 되면 하나님의 역사하심은 상당히 옹색해져 버린다. 대다수의 고통이 어느 특정한 사람의 행복으로 바뀐 듯 하기 때문이다. 이러한 예는 정도의 차이는 있을지라도, 헤아릴 수 없이 많은 개인의 생업들이 서로 충돌하면서 그 이해득실이 실타래처럼 얽혀 있는 인간 사회 속에 늘 있는 이야기 중 하나일 뿐이다.

　하나님은 은총을 베풀 명단을 작성하시고 그 순서대로 도움을 주셨던 분이셨던가! 정말 그렇다면 그 명단의 상위로 올라가기 위한 조건이 기도 응답의 열쇠가 된다. 특별히 '절대자를 향한 절대성'이라는 믿음이 유일한 평가 기준이라 한다면 무조건 믿기만 하면 되는 것이다.

적어도 경제적 관점에서, 각 개인의 노동가치의 상승은 그 개인의 노동 단위 시간 당 상대가치가 올라가거나 아님 동일 가치에서 수요가 많아 져야 가능한 것이다. 그러나 수요에 따른 각 가계 지출이 한정된 상황에서는 결국 다른 사람들에게 돌아갈 재화를 자기에게 오게 하는 수 밖에는 없기 때문에 자기가 부자가 되는 것 만큼 다른 사람들이 가난해 져야 하는 것이다. 아니면 단위 시간 당 재화의 흐름이 빠르게 이동해도 가능해 지는데 이 경우엔 모든 사람들이 소비를 극대화 하는 생활 방식으로 전환해야 하므로 이에 따른 사회 부작용을 감수해야 한다.

이런 현상을 고민하는 사람이라면, 경제적인 사실을 근간으로 하여, 결국 '부의 공정한 분배'라는 구체적이며 실제적인 사회적 합의를 심도있게 점검하게 된다. '공정분배'에 대한 이해가 부재된 상태에서 갈구하는 기도는, 비록 그 기도가 '절대자를 향한 절대성'에 순수하게 의지한다 해도, 이러한 신앙은 우물안 개구리처럼 그저 안타까움만 더 할 뿐이다. 어린아이 같은 순수함에선 바람직해도 성숙함에선 부족함이 많은 것이다.

기도는 결국 간구하는 그 기도에 따라 그 깊이가 깊어질수록 우리의 삶의 방식의 본질적이며 태생적인 한계를 한탄하게 만든다.

따라서 기도는 '절대자를 향한 절대성'에서 '절대자를 향한 당위성'으로 바뀌게 된다. 자신의 지경을 넓혀 달라는 기도에 모순을 느끼게 되며, 때론 암울한 상황을 개혁하는 기도를 하다가 진보성향의 위험한 인물로 오해 받기도 한다. 그러나 적어도 순수함이 보지 못하는 억압과 모순의 실상을 이해할 수 있으며 그 이해의 깊이만큼 성숙하여 진다.

그러나 '절대자를 향한 당위성'에도 내재된 위험이 있다. 기도가 깊어지는 그 배경엔 지식이 자리 잡고 있다. 지식이라는 것은 원래 논리의 전개를 내포하고 있기 때문에, 전개되는 그 방법에 따라 얼마든지 진리의 본래 모습과는 전혀 다른 방향으로 변화할 수 있다. 지식을 흔히 일반계시로 설명할 때가 있다. 지혜뿐 아니라 지식도 역시 절대자로부터 유래한다는 의미이다. 그러나 모든 논리와 과학은 받아들이는 인간의 불완전으로 인해 그 자체로 가변적이며 진행형이다. 이런 불확실의 한계를 인정한다면, 우린 지식을 통해서 절대자를 조금씩 이해해 갈 수 있을 뿐, 지식이 절대자를 이해하는 완벽한 완결은 아니라는 사실도 인정해야만 한다.

경제적 지식을 총동원한다 해도 우린 재화적 가치의 그 결과적 진리를 결코 단언하여 결론 내릴 수 없다. 이런 불완전한 지식으로 절대자의 뜻을 하나로 묶어 버리면 하나님은 변질되어 버린다. 일정한 틀 안에서만 해석 되는 하나님일 뿐이다. 이런 의미에서 '절대자를 향한 당위성'은 하나님을 더 알기 위한 바람직한 몸부림을 보여줄 수는 있다 하여도, 만약 인식이 열려 있지 않다면, 그 지식의 범위만큼만 신뢰하고 기도하는 한계성 불신으로 떨어지기도 쉬운 것이다.

기도는 피조물의 입장에서 조물주의 절대성에 의존하여 원하는 것을 의식화하는 영혼의 작업이다. 무엇보다 무조건적 신뢰가 요구되는 작업이다. 이 과정에서 피조물의 욕구와 조물주의 거룩함이 충돌한다. 충돌의 두려움이 발생할 때 기도는 변화한다. 그러나 그 변화는 열려 있는 의식 속에서 성장할 수 있다.

아주 지겨운 주제3 (말씀을 받는다는 것)

하나님의 말씀은 언제나
인간의 작은 인식의 범주에서는
늘 무한의 신비로운 영역이다

우리는 여러가지 방법을 통해서 하나님의 말씀을 받는다. 보통은 언어를 통해 하나님의 말씀을 받게 된다. 언어로 받는다 했으니 문자를 읽거나 말소리를 듣는 것을 매개로 하는 것이다. 물론 그렇게 받게 되는 말씀의 근원지는 하나님이어야 한다. 그러면 우리는 말씀을 통해 근원지인 하나님의 뜻을 받을 수 있다. 따라서 말씀을 받는다는 것은 곧 하나님의 뜻을 알게 된다는 의미이다.

그런데 과연 우리는 하나님의 뜻을 제대로 알 수는 있는 것일까? 어떤 사람은 이런 의문을 제기하는 이를 두고 약한 믿음의 소유자, 의심 많은 자로 간주하기도 한다. 하지만 의심 없이 믿기 위해서는 그 의심의 범위를 설정하는 고된 작업이 절실히 요구된다. 하나님의 이름으로 선포되는 모든 내용들을 무턱대고 받을 수는 없기 때문이다.

우리가 하나님의 말씀을 특별히 고대하고 알고 싶어하는 경우는 사실 간단하고 자명하다. 많은 경우 특별히 갖고 싶은 것이 있기 때문이다. 도움 받을 누군가를 언제까지 기다려야 하는지, 어느 대학 무슨 과에 지원해야 하는지, 사업체를 어느 장소에 열어야 하는지와 같은 미래 담보적 의미로 말씀을 받으려 한다.

　모든 삶의 결정에 있어 그 시작부터 하나님과 함께 하려는 의도로 볼 때에는 이는 지극히 바람직하다. 그러나 바라는 그 동기를 들여다보면 그 순수성을 절대적 가치로 증명하기가 쉽지 않다. 어느 누구도 본인도 다 알지 못하는 무의식의 동기를 하나님의 거룩함에 견줄 수는 없기 때문이다. 어느 정도 결백을 주장할 수는 있다. 하지만 그것도 시간에 따르는 불안정한 가변성을 인정할 때 가능하다. 따라서 본인도 정확히 모르는 혼란한 동기의 발현을 통해 하나님으로부터 받았다고 믿는 주관적 말씀을 하나님의 절대성과 동일시 하는 것은 애초부터 불가능한 것이다.

　많은 경우 방언 통변을 통해 얻은 주관적 정보를 하나님의 절대성에 아주 쉽게 편승 시키려 하는 시도를 한다. 마음이 순수할 수록 이런 시도는 두렵고 떨리는 마음 가운데 하나님의 절대성에 자신의 주관적 정보를 순종의 열정으로 접목시킨다. 오히려 전폭적 순종에 이르지 못함을 한탄하며 자신의 나약함을 채찍질하며 극도의 겸손으로 무장한다.

　이러한 청빈한 영혼은 아름다운 것이다.

　그러나 하나님의 절대성에 대해서 그것을 감히 다 이해할 수도 없으면서, 더불어 인간의 본질적 한계성 마저 이해 못하는 인간이,

당연하다 할 수 있는 그런 인간의 제한성을 하나님의 뜻에 부합하지 못했다 하며, 가책과 실망으로 영적 습관을 고착화 시키다 보면, 그 영혼은 갇혀 버리고 만다. 자유한 듯 하지만 사실은 속박되어 있으며 겸손한 듯 하나 사실은 교만한 것이다. 본인이 원하는 하나님의 뜻을 진정한 하나님의 뜻으로 여길 뿐 아니라 나아가 그 뜻과 관련된 타인과의 관계 속에서도 자기가 이해한 하나님의 뜻을 타인에게 강요할 수 밖에 없는 귀결로 치닫는다.

만약 타인도 비슷한 성향을 가지고 있다면 때로는 두 상반된 하나님의 뜻이 충돌하기도 한다. 마치 신통력의 싸움처럼 누가 하나님의 뜻을 제대로 받았는지 영력 싸움을 벌일 수도 있는 것이다. 개별적 이해를 절대화 하는 과정 중에 발생하는 순수함에 갇혀버린 근거 없는 불신의 두려움이 있기 때문이다.

큐티의 경우도 마찬가지이다. 조용한 가운데 성경말씀에 집중하다 보면 특별히 마음에 스며드는 한 내용 속으로 영혼의 이입이 발생한다. 그 부분을 붙들고 그날의 삶의 해석과 실천의 준거로 삼게 된다. 하나님의 뜻을 실천하는 데에 있어서 큐티처럼 적극적인 방식도 없을 것이다. 이렇게 구체적으로 하나님의 뜻을 갈망하고 되새기고 실천하는 방법은 다른 곳에서 찾기 힘들 정도다. 실제로 신앙 생활은 큐티를 통해 영적 집중력을 배가시킬 수 있다.

그런데 여기에서도 영혼의 이입과정에서 발생하는 한 성경 구절의 선택과 해석을 두고, 그 모든 과정을 깨끗하고 정결하며 때묻지 않은 영혼에 내려지는 하나님의 절대적 선언으로 확신하면서 또다시 개별적 이해의 절대화가 반복된다.

　개별적 이해가 하나님이 주신 것이 아니라는 이야기를 하려는 것이 아니다. 불완전한 인간에게 비춰지는 하나님의 말씀은 때로는 하나님과 개인 둘만의 언어일 수도 있고, 가끔은 하나님과 집단의 관계일 수도 있으며, 자주 한 개인의 미래적 희망의 표현일 수도 있다. 이러한 불완전과 가변성을 인정하는 것이 사실은 하나님의 말씀을 제대로 받을 수 있는 겸손이며 기초적 요구 조건이라 할 수 있다.

　또한 하나님은 오로지 큐티를 통해서만 말씀하지는 않으신다. 그날의 큐티를 하지 못했다고 해서 하나님이 하실 말씀을 중지하시거나 게으르다 하여 오히려 삶의 고난을 주실까 걱정하게 된다면 영혼은 도리어 속박된다.

　설교를 통한 말씀도 그렇다. 목사님의 설교를 전적으로 의심없이 하나님의 말씀으로 받는 습관을 지니게 되면, 역시 개별적 이해가 절대화된다. 자신의 삶이 하나님의 통제를 받는다기 보다 설교하는 목사님에 의해 선악의 분별력을 강요 받을 수도 있게 된다.

　목사가 틀렸다고 말하려는 것이 아니다. 목사도 결코 하나님의 절대성을 모두 이해할 수 없으며 단지 하나님의 뜻을 알고 싶어하는 똑같은 연약한 존재라는 것을 말하려는 것이다.

　목사님의 설교에는, 듣는자에게 하나님의 절대성에 대해서 그 답을 확정해서 주입하기 보다, 알 수 없는 그 전능함에 대해서 개인들의 영혼을 열게 만드는 겸손한 통솔력이 요구 된다 하겠다.

인간은 보이지 않은 하나님의 실체를 아담으로부터 지금까지 늘 알고 싶어하고 만지고 싶어 했다. 성육신하신 예수님을 통해, 언어를 포함한 여러가지 방법을 통해 인간은 하나님의 실체를 정의하고 이해해왔다. 하지만 무소부재, 전지전능의 절대자에게로 그 영혼의 이해가 소폭 진전 되었을 뿐이다. 현재 알고 있는 하나님으로 만족하고 더 이상의 이해를 용납하지 않는다면 그건 인간이 하나님에게 굴레를 씌우는 어처구니 없는 시도가 되어 버린다.

　　개별적 이해가 절대화 되면 하나님의 전능은 제한되기 때문이다.

　　하나님의 말씀을 받기 위해선 영혼을 열어 놓아야 하는 작업이 필요하다. 비록 마음 깊숙한 심연에서 올라오는 뜨거운 눈물과 삶의 벅찬 감사가 메아리쳐대는 뼈저린 영혼의 울림이 있다 하여도, 하나님의 말씀은 언제나 인간의 작은 인식의 범주에서는 늘 무한의 신비로운 영역이다.

　　그 영역은 열려 있는 영혼의 초라함 속에 이슬처럼 다가온다.

아주 지겨운 주제4 (찬양을 올린다는 것)

모든 찬양 수행자들의 마음을 다 들여다 볼 수는 없다
그러나 어떤 형태로든 찬양을 수행하는 자가 스스로
자기 찬양의 최종 방향성을 의식적으로 확인할 수는 있다

찬양의 대상은 하나님이다. 그래서 찬양을 올린다고 표현한다. 찬양은 목소리를 담은 멜로디와 함께 찬양의 궁극적 의미를 내포하는 노랫말을 올리는 것이다. 찬양하는 사람에 따라 그 표현하는 방식에는 다양성이 있다. 정확한 음과 발음을 기본으로 하여 감성적으로 발휘되는 개인적 특성은 정말 다양하다.

그 다양함을 구성하는 요소들이 있다. 바로 찬양을 구성하는 기본적 요구 조건을 의미한다. 찬양자의 발성에 따른 소리의 음질과 크기, 작곡자가 원하는 정확한 음의 구현에 따른 소리 감성의 조절, 작사자의 글이 그 의미대로 정확히 전달되는 발음이 그 기본 요구 사항이라 하겠다.

하지만 찬양은 청중에게만 전달되는 한 방향성을 거부해야만 한다. 찬양의 주인공은 하나님이기 때문이다. 찬양은 찬양을 수행하는 자로부터 하나님께로 전달되는 첫 번째 방향과 혹 청중이 있다

면 찬양 수행자로부터 청중에게 전달되는 두 번째 방향 그리고 청중으로부터 하나님께로 전달되는 세 번째 방향을 포함하는 3방향성을 내포한다. 이 방향성에 대해 조금 더 자세히 살펴 보자.

찬양 수행자가 혼자 찬양을 하게 되면 수행자로부터 하나님께로 전달되는 하나의 방향성만을 갖게 된다. 청중없이 여러명이 모여 동시에 찬양을 하게 되어도 역시 하나님으로 향하는 한 방향성만을 갖게 되지만 이 경우엔 찬양에 임한 사람의 수만큼 다채로운 한 방향성의 무리를 이루게 된다. 이건 한사람이든 여러사람이든 참여하는 자가 찬양을 직접 수행해야 하는 형태이다.

단일 찬양 수행자가 청중 앞에서 혼자 찬양을 수행하게 되면 수행자로부터 하나님으로 향하는 방향성외에, 수행자로부터 청중으로 향하는 또다른 방향성이 같이하게 된다. 단일 수행자의 찬양을 듣는 청중들은 직접 찬양을 하지는 않지만 음미함으로 이루어지는 간접찬양의 형태를 발생시킨다. 이 간접찬양도 역시 청중으로부터 하나님으로 향하는 방향성을 갖는다. 하지만 청중이 직접 참여하는 것은 아니기 때문에 단일 찬양 수행자의 영향이 청중을 향하여 우선적으로 전달된다 하겠다.

단일 수행자가 이끄는 찬양을 청중이 따라서 같이 소리를 내게 되면 이 경우는 소리의 청취가 상호간에 교환되면서 보다 복잡한 방향성을 보이게 된다. 단일 수행자로부터 하나님, 청중으로부터 하나님 외에도 단일 수행자와 소리를 내고 있는 청중 사이에 발생하는 상호 방향성이 발생된다.

복수 수행자가 팀을 이루어 찬양을 수행하게 되면 복수 수행자 사이에서 이루어지는 상호 방향성이 더해진다. 찬양팀의 리더가 찬양의 흐름을 주도하며 인도해 나아간다 해도 찬양 리더로부터 다른 찬양 수행자로, 다른 찬양 수행자로부터 찬양 리더에게로, 그리고 찬양 수행자 각각으로부터의 상호간의 종합적 방향성을 통해 찬양팀은 청중으로의 방향성을 갖게 된다. 그 종합적 방향성에는 질적이면서 수적인 음악적 다양성이 존재한다.

하지만 그런 모든 복잡한 방향성의 최종 목적지는 하나님이다. 일반적으로 무대에서 예술 행위를 수행하는 예술가의 방향성은 청중이기 마련이다. 그 청중이 감동받은 깊이만큼 그 예술가의 예술적 깊이가 판단받게 되는 것이 일반적이다. 하지만 찬양은 그러한 방향성을 인정하면서 거기에 보이지 않은 다른 곳으로의 최종적 방향성을 근원적인 이유로 품고 있어야 한다. 수행자나 청중이 모두 하나님으로 향하는 종합적 의미의 한 단위에 수행자가 되어야 한다.

수행자가 하나님이라는 최종적 전달목표를 상실하고 스스로에게만 혹은 청중에게만 그 전달의 동기를 품고 찬양을 수행하면 그 우선적 동기는 자신과 청중에게로 국한된다. 일단 하나님은 그 동기에서 제외된다.

우선적 대상이 청중에게로 집중되면 될수록 수행자가 잘 보여야 하는 대상은 현재 자기를 평가하는 인간이 된다. 그럴수록 자신의 예술적 재능에 목숨을 걸게 된다. 청중의 판단기준에서 예술적 우월성을 획득해야만 기억에 남는 수행자가 될 수 있기 때문이다. 하나님으로의 방향성을 상실한 채 우월적 예술성으로 청중을 사로잡고 더 나아가 청중으로부터의 하나님으로의 방향성을 확인 받았다 해도 사실 그 수행자의 방향성엔 가장 중요한 본질적 동기가 빠져 있는 것이다.

찬양은 물리적 행위의 매개 수단으로 '소리'를 필요로 한다는 것을 전제로 한다. 그러나 소리없이 영으로 하는 찬양, 음으로 표현되지 않고 그냥 마음으로 하는 찬양을 찬양이 아니라고 말할 수 없듯이 소리의 세련됨을 추구하면서도 찬양의 최종 방향성을 기본 동기로 하는 의지적 영혼의 집중력이 필요하다. 찬양은 그 동기를 모체로 하여 동기 발현의 매개체로 소리를 선택하는 것이기 때문이다.

모든 찬양 수행자들의 마음을 다 들여다 볼 수는 없다. 그러나 어떤 형태로든 찬양을 수행하는 자가 스스로 자기 찬양의 최종 방향성을 의식적으로 확인할 수는 있다. 그 의식적 확인작업으로 인해 발생하는 음악 자체로의 집중력 저하가 찬양의 음악적 완성도를 흔들리게 할 수도 있다. 하지만 이런 과정을 통해 수행자는 자신의 '찬양동기 점유율'을 확인해 볼 수 있다.

연습을 통해서 음악적 완성에 접근할 수 있듯이, 하나님으로 향하는 최종적 방향성을 찬양의 동기로 삼는 의지적 작업도 역시 반복을 통해 그 영적 점유율을 높여 갈 수 있을 것이다.

결국 그 점유율을 높이는 과정은, 의식의 발현을 위해 의지적으로 애를 써야 하는 생각의 작업과 무의식 속에 늘 존재하는 죄의 본성과의 싸움으로 보여질 수도 있다. 심리학자들의 주장처럼 무의식이 의식을 항상 이기는 듯 하더라도, 마음 먹은 일정 시간 속에선 의식이 무의식을 넘어설 수 있는 영적 동기의 표현이 가능하다.

그 동기를 사수하는 심정으로 꿈틀대는 의지적 영혼의 몸부림 속으로 매개된 소리를 담아 반복적으로 하나님께 올리다 보면, 이런 시도를 성공적으로 자주 반복하면 할수록, 찬양의 영적 동기가 습관화 되어버린 성숙함으로 나아갈 수 있게 된다. 바로 하나님께로 더 묶어 둘 수 있는 영적 숙련을 의미하는 것이다.

하나님의 침묵

인류의 역사는
'하나님 독점'에서 '하나님 확산'으로
진행되고 있다

만약 하나님이 시내산과 같이 어떤 특별한 장소에 아예 자리를 잡으시고 찾아 오는 질문자들 마다 그 나라의 말로 속시원하게 대답을 다 해주신다면, 인간들은 서로 싸우지 않고 하나님의 뜻에 따라 제대로 살 수 있었을까?

이런 생각이 바로 고대의 종교관이다. 고대의 이방종교는 그 신의 모습을 공간상에 제작해 놓았다. 엄숙하고 웅장하게 만들어진 신전을 두려운 마음으로 고대인들은 찾아왔다. 방문자들은 환각을 일으키는 약초 향기 그리고 약간의 과학적 지식과 연금술로 무장된 신녀와 신관들에게 매료당했다. 높은 석조 건물 내부에 울려퍼지는 메아리를 신의 소리로 이해했으며 따라서 신은 물리적으로 이 세상에 항상 임재할 수 있다는 강력한 암시를 받고 신녀와 신관의 지시에 복종했다.

기독교의 경우에는 성경이 있었다. 하지만 중세기엔 사제들만

성경을 읽을 수 있었으니 백성들은 사제가 해석해 주는 성경을 당연히 하나님의 말씀으로 받았고 그 지시에 따랐다. 루터 이후로 개신교의 교회 숫자가 늘어나면서, 2010년 초 한국에만 약 6만개의 교회와 13만명의 목회자가 생겨났다. 최소 13만명의 기독교 리더들을 통해 하나님의 말씀이 선포되고 있는 셈이다.

하지만 줄어드는 기독교인 수에 비해 직업 목회자의 수가 너무 많은 것이 현실이다. 헌금의 수입이 직업 목회자의 생활비를 밑돌게 된다. 물론 생활비를 벌기 위한 이유로 목회를 하는 것은 절대 아니다. 단지 교인수가 적은 교회는 그 직업 목회자의 생활비를 경제적으론 지원할 수가 없다. 그 대안으로 기독교는 '평신도 사역'으로 눈을 돌리고 있다. 평신도 사역이 대세가 되면 직업 목회자가 아닌 일반인이 자신의 직업이 따로 있는 상태에서 목회자의 역할을 소규모로 수행하게 될 것이다. 교회사업이 아닌 본질의 각도에서 말이다. 소규모로 진행되니 그런 작은 모임의 예배진행자는 13만 보다 훨씬 많은 숫자로 증가될 것이다. 직업 목회자만이 예배를 진행할 수 있다라고 주장하는 것은 성서적이지 못하다. 보통 이야기하는 가정사역 형태라 보아도 무난할 것이다. 자연스럽게 헌금과 건축에 관련된 전통적 부작용들이 줄어들게 될 것이다. 대형교회와 중형교회도 물론 같이 존재하겠지만 감당해야 되는 역할이 크게 달라지면서 그 숫자도 일정 비율을 넘지 못할 것이다. 새로운 역할을 수행하지도 못하고 비율을 무시하고 억지로 세워진 큰 교회는 결국 살아남지 못할 것이다.

역사는 분명히 말해주고 있다. 하나님의 말씀이 한 개인에게 몰리면 몰릴 수록 자본이 집중되면서 권력화 되고 우상화 되었다. 결국 하나님이 왜곡된다. 하나님의 말씀이 각 개인에게 퍼지면 퍼질수록 하나님의 진정한 가치가 진정한 평가를 받게 된다. 결국 하나님의 모습에 접근하게 된다. 이것이 고대로부터 현재까지 이어져 내려온 하나님에 대한 인류의 '데이터 베이스'이다.

하나님은 이런 일을 침묵가운데 행하시는 듯 보인다. 하나님은 그의 뜻을 초객관적인 방법을 사용하여 3차원 공간속에 물리적인 현상으로 나타내시는 걸 별로 좋아하지 아니하시는 것 같다. 고대로 올라 갈수록 인류는 그런 방법을 좋아했고 열광했지만, 오히려 역사가 흐를수록 하나님의 뜻은 침묵가운데 독점되지 않고 확산되면서 많은 사람의 영혼을 사로잡았다. 루터의 만인제사장이 기독교의 한 핵심으로 자리잡은 것도 그런 성서해석이 확산되면서 대중으로부터의 일반적 동의가 확인 되었기 때문에 가능한 것이었다.

역사속에 나타나신 하나님은, 그의 뜻을 보다 많은 사람들이 이해하기를 원하시는 하나님이었다. 인류의 역사는 '하나님 독점'에서 '하나님 확산'으로 진행되고 있다. 그 분기점에 구텐베르크가 있었고 현재 인터넷이 진행 중에 있다.

이전에는 백과사전 항목마다 웬만하면 그 분야에서 가장 뛰어난 석학들이 그 항목의 정의와 내용을 결정하였다. 그러나 인터넷시대 이후에는 그런 한 개인의 영향력이 다양한 다수 의견에 견제를 받으면서 상호 균형을 맞추어 나가는 듯 보인다. 가장 잘 나간다는 백과사전 웹사이트에서 어떤 내용을 조회하다 보면, 자주 '중립성에 이의가 제기된 문서'란 글귀를 보게 된다. 어느 한 사람이 올린 정의에 대해서 그것이 아니라고 말하는 사람이 있기 때문이다. 심지어 그 정의를 발표하는데 있어 어떤 자격이 필요한 것도 아니다. 기본적으로 누구나 자신의 정의를 그곳에 올릴 수 있으며 그리고 서로 그 진위 여부를 놓고 싸울 수도 있다. 이런 시도에 대한 반대 의견도 물론 존재한다. 하지만 이미 이 웹사이트는 가장 정확한 내용을 얻을 수 있는 웹사이트 중에 하나가 되어버렸으며, 인간 이성의 한계를 직시하고 그 단점을 극복하려 하는 하나의 대안으로 이미 자리매김을 해 버렸다.

성서해석도 '한 영웅적 신앙인의 출현'을 기다리던 옛 방식에서 '모든 이들을 통해 검증되는 방법'으로 변화하는 듯 보인다. 그 방향성은 좋다. 하지만 적절한 견제와 균형은 필요하다.

많은 경우, 다양한 사람들의 다양한 생각 속에 숨쉬고 있는 공통적 가치를 통해 하나님을 찾아야 하겠지만, 때로는 뛰어난 한 사람의 영성적 영향 아래 그 방향을 시행착오 없이 빠르게 찾아낼 수도 있을 것이다. 불안전한 인류사회는, 뛰어난 한 사람의 횡포를 다양한 생각 가운데 존재하는 공통적 가치로 견제해야만 하며, 반대로 다수의 생각을 절대화시켜 무조건 하나님의 뜻으로 전환시키려는 대중의 오만함을 뛰어난 한 사람에 의해 폭로해야 한다.

이처럼 이성을 열어놓고 그 한계를 과감히 인정하고 그 대안을 찾으면서 겸허하게 그 방법들을 수용해 나간다면, 우리는 하나님을 조금씩 더 알 수 있게 될 것이다. 왜냐하면 그 이성이 곧 하나님으로부터 왔기 때문이다. 그리고 그 이성은 제한을 두려고 할 때 망가진다. 단지 이성의 제한이 아니라 그 이성의 근본까지도 제한을 두려고 하기 때문이다.

노숙자와 빌 게이츠

노숙자의 존재를 토질 좋은 흙에 비유하고
빌 게이츠를 그 흙에서 자라는 거목이라 한다면
과연 억측일까

우리는 성경에 나오는 부자와 나사로의 이야기를 잘 알고 있다. 하지만 그 말씀을, 세상이 우리에게 주는 '소유를 통한 안식'과 영혼이 우리에게 주는 '존재를 통한 안식'의 차이로 연결시키기에는 아주 인색하다. 소유의 이유로 안식을 얻고자 하는 노력이 바로 오늘날의 시대정신이다. 그러나 존재의 이유로 안식을 얻기에는 이 사회가 너무 버겁다.

한 사연 많은 노숙자 그러니까 나사로의 삶을, 그가 게을러서 혹은 가족과 인생에 대한 책임감이 없어서 현재의 모습이 되었다고 정죄하기 보다는, 이유야 어떻든, 그가 하늘나라에서는 그 이유를 묻지 않는 하나님의 눈물속에 잠겨 있는 소중한 존재임을 나의 존재와 동일시할 때, 우린 존재의 의미로서 이 세상을 바라볼 수 있을 것이다. 그렇게 바라보는 그 순간 존재적 안식으로 더불어 행복하고 더 나아가 그 속에서 역사하시는 성령의 음성에 예민해 질 수 있다.

새로운 IT의 세계를 열고 수많은 인프라를 창출하여 인류에게 더 많은 일 할 기회와 즐거움을 안겨준 빌 게이츠를 우린 주로 소유의 의미로 바라보며 부러워한다. 그가 가진 세계 1위의 자산력, 소프트웨어를 통한 지식 장악력, 이 모두가 그가 가진 소유다. 쉽지는 않겠지만, 그가 가진 소유를 제거하고 그의 존재론적 의미만을 유추하고자 한다면 그의 인류사적 역할이 눈에 들어오게 된다. 돈을 많이 벌고 적게 벌고를 떠나 그가 가진 아이디어와 그 아이디어를 통한 존재방식이 과연 인류사에 진정으로 필요한가에 대한 그 본질적 이유에 대해서 고민하게 된다. 그런데, 이런 고민은 노숙자의 본질적 존재 이유를 고민해 보는 것과 비교할 때, 그 차이를 발견하기가 쉽지 않다. 왜냐하면 둘 다 정확한 답을 얻을 수 없기 때문이다.

　빌 게이츠의 지식은 언젠가는 새로운 지식체계로 인해 퇴물이 되겠지만 동시에 그 새로운 지식체계의 원류로 남아 있게 된다. 그리고 조금 다른 각도에서 바라보면, 불완전한 사회체제속에선 노숙자들이 노숙자로서 남아 있어야만 한 명의 빌 게이츠를 탄생시킬 수가 있다. 그런 의미에서 노숙자는 빌 게이츠를 위한 퇴물이며 또한 필수 불가결한 희생자라는 의미로서 원류가 될 수 있는 것이다. 노숙자라는 존재가 있기 때문에 부자라는 위치가 성립이 되지만 반면 아무리 뛰어난 소프트웨어라 할지라도 그걸 사용할 수 없는 노숙자에겐 무용지물에 불과하다. 존재의 상호관련성을 파악하기 위해 수많은 가능성을 하나하나 대입시키다 보면 결국 각 존재성에 우열을 나누는 것은 의미가 없는 작업이 되어 버린다. 대입시킨 가능성 조차도 한계성을 벗어날 수 없기 때문에 결국 정확한 답을 얻는다는 것이 불가능하다는 것을 고백해야만 한다.

이렇듯 세상의 모든 사람들은 그 존재 방식 자체로서, 우리에게 수 많은 의문을 던져 주며 또한 이 존재방식 자체의 근원에 대한 의문으로 우리 영혼은 열려질 수 밖에 없는 상황에 직면하게 된다.

그 영혼의 창을 활짝 열어 놓으면 그 창 너머로 인식의 지평선이 가물거린다. 그럼 그 지평선 저편에 계신 하나님을 기대할 수 있게 된다.

평범을 이기는 본질

소수의 부자는 모르겠지만 다수의 서민은 이렇게 살아간다
그게 창피하거나 아님 굳이 말하지 않을 뿐이다
경우에 따라 단지 있는 척 할 뿐이다

아들 두 명을 둔 4식구가 제과점에 들어왔다. 빵과 음료수를 들고 대각선 가로 지른 내 옆 테이블로 와서 앉았다. 달콤한 빵은 역시 아이들로부터 수다와 재롱을 자아내는 데에 특효가 있다. 한 20분이 지났을까, 조잘대는 아이들과는 다르게 두 부부는 말이 없다. 사십 중반으로 보이는 아이들 아빠의 얼굴엔 표정이 없다. 간혹 아이들을 쳐다보지만 금방 다시 자신의 커피잔으로 눈길을 돌린다. 그 아빠에 대한 근거 없는 상상력이 발동한다. 얼굴이 많이 그을린 것으로 봐서 노동을 하는 직업에 종사한다거나 아니면 술을 많이 마신다던가 하는 그런 추측이 내 머리 속에 난무한다.

아이들의 장난감이 옆 손님에게로 굴러가자 그 아빠가 후다닥 일어났다. 바로 죄송하다 하며 떨어진 장난감을 빨리 주웠다. 바로 그때 나는 그 아빠의 속마음을 보게 됐다. 혹 떨어진 그 장난감이 옆 자리 손님에게 민폐가 될까 하여 한없이 미안하고 겸손한 표정

을 담아낸 그 아빠의 영혼이 전달되었다. 그렇게 까지 미안할 일이 아닌데…. 이 아빠는 이익을 서로 차지하려고 싸우는 살벌한 직장에서도 손해를 보더라도 사람을 잃지 않으려고 고민하는 사람으로 보였다. 하지만 그런 그의 성격을 오히려 이용하는 약삭빠른 사람들로부터 당한 불이익과 임금삭감으로 인해 이 아빠는 지금 저렇게 말이 없었던 것일까? 역시 추측일 뿐이다.

침묵을 깨고 아이들의 엄마가 남편에게 말을 걸었다. 무슨 말인지 들리지가 않는다. 아내의 표정은 남편으로부터 어떤 답을 원하는 갈구의 몸짓이었으나 남편은 아직 잘 모르겠다는 반응으로 체념스럽게 일관한다. 또 추측이 난무한다. 아내는 급히 내지 않으면 벌금이 붙는 어느 청구서 때문에 회사에서 받지 못한 돈을 언제 받을 수 있는지 남편에게 물어 본 것이지만 이에 반해 남편은 채불된 금료의 액수보다 늘 자기를 못마땅한 사람으로 몰아 부쳐 채불된 임금에 대해서 정당성을 주장하는 그 사장의 무지막지한 억지를 또 맞닥뜨릴 일이 괴로울 뿐인 것이다.

예로부터 가난과 사랑은 숨길 수 없다고 했다. 단돈 100불을 받지 못했다 해도 그 돈은 자동차 할부금 300불을 낼 수 없는 지경에 이르게 된다. 당장 지금 빵집에서 소비한 10불은 그들에겐 과소비가 될 판이다. 몇 일 전부터 아이들과 제과점에 가기로 약속한 것을 이 부부는 지금 서럽게 이행하는 지도 모른다. 정말 그렇다면 지금 저 부부는 궁핍함을 팔아 아이들에게 약속한 웃음을 선사하고 있는 눈물겨운 부모인 것이다. 경제적으로 힘들기는 마찬가지인 내가,

만약 이 추측이 맞다면 그리고 나에게 여유 돈 100불이 있다면, 아무도 보지 않을 때 그 아버지 주머니에 살짝 넣어 주고 싶은 심정이다. 이걸 오지랖이라 했던가. 사실은 누가 나에게 반대로 그 100불을 넣어 주었으면 하는 심정이다.

　소수의 부자는 모르겠지만 다수의 서민은 이렇게 살아간다. 그게 창피하거나 아님 굳이 말하지 않을 뿐이다. 경우에 따라 단지 있는 척 할 뿐이다. 그리고 대박의 꿈은 누구에게나 오는 것이 아니다. 생각보다 돈의 흐름은 냉정하다. 역시 돈은 돈을 좋아하게 된다.

　현명한 사람은 대박을 꿈꾸기 보다 있는 현실을 받아들이고 그것을 객관화 시킬 줄 아는 사람이다. 궁핍을 즐길 수는 없겠지만 궁핍을 하나의 상황으로 인정할 수는 있다. 물론 극도의 궁핍은 목숨을 위협한다. 하지만 상대적 궁핍은 단지 불편할 뿐이다. 불편한 것이야 어쩔 수 없다 해도 버텨낼 수 있는 생명력을 믿는다면 또 그렇게 우린 살아 갈 수 있다. 더 나아가 비록 그런 불편함 속에 모든 생을 마감한다 해도 그건 인생의 실패가 아니라 주어진 상황에 최대한 적응하려 했던 성실한 한 인간의 가치 있고 돋보이는 시도였다는 사실은 삶을 아는 사람만 깨달을 수 있는 신비이다. 이 신비는 열려 있다. 우리의 여정은 여기에서 끝나는 것이 아니라, 이 세상보다 더 깨닫고 더 즐기고 더 아름다운 것이 있다고 믿는 사람들에게 말이다.

삐딱한 글 11편

비아냥거리며 1편

　웬만하면 한국은 사십대 사망률 1위 자리를 **빼앗기지** 않지요. 이 사망률 안에 자살 사망률도 포함되어 있는데 이 자살률도 역시 상위권을 놓치지 않고 있습니다. 청소년 자살률도 역시 OECD 국가 중 최고구요. 더 살고 싶다 해도 건강과 사고로 죽게 되는 경우가 있어 억울한데 건강한 사람이 더 이상 살고 싶지 않아서 자살을 하니 얼마나 힘들었던 정신적 고통이 있었겠어요. 이런 사망률을 두고 조금은 생각해야 할 것들이 있어요.

　한국에서 성장하신 분들은 모두 동의하시겠지만, 오로지 명문대입학을 실질적인 삶의 목표로 삼고 십대를 살아가다가 대학 졸업 후에는, 개인사업을 열어 스스로 사장이 되지 않는 한, 고용되어 월급 받아 살아가는 직장인의 인생을 선택해야만 하고 그래서 사람들은 가능하면 대기업에 입사하려 하고 그래야 훗날 계열사 사장의 자리에 오를 수 있으며 그 댓가로 남보다 많은 물질을 획득하며 더 높은 명예를 누릴 수 있기 때문에, 이것을 위해 온 인생을 걸고 '돌진의 자세'로 일관되게 매진합니다. 바로 이것이 현대인이 추구해야 할 오늘날의 지상명령이죠.

물질과 명예는 꼭 필요한 것이지요. 그러나 한정된 기회에 비해 원하는 사람이 워낙 많아 치열한 경쟁이 발생하죠. 경쟁의 근간은 터전의 확립에 있습니다. 한번 터전이 확립되었다 싶으면 그 터전을 자자손손 다른 이에게 빼앗기지 않고 정치적으로 완전 소유하기 위해 어느 시기에 접어들면 신분사회를 조성하게 되고 이러한 사회 구조 속에서 자신의 이성에 비추어 보아 탄탄한 구조적 지배를 이루었다 생각하면 그제야 삶이 평안할 것이라고 믿게 됩니다.

2013년 대한민국은 총생산 GDP의 80%를 상위 10대 재벌에서 창출해 내었습니다. 정말 대단하죠! 단 10개의 회사가 총생산의 80%를 창출했다니 정말 모두가 그 10대 대기업에 들어가기 위해서 죽을 힘을 다 해 볼만 합니다. 그런데요 만약 그 10개의 회사가 대한민국 전체 고용률의 80%를 담당했다면 정말 소득균형이 제대로 이루어진 나라라고 할 수 있겠지요. 근데 이 회사들이 이루어낸 고용률은 단 6%에 불과합니다. 대한민국이 생산한 총량의 80%가 주로 6%의 국민들을 통해 나누어졌다 라고 해야 되나요.

심한 빈익빈 부익부의 병을 앓고 있는 거지요. 그러니까 세계를 향해서 우리나라가 외치고 있는 '역동의 코리아'라는 구호는 사실 국민들끼리 최고가 되기 위해 피말리게 경쟁하며 서로의 '스펙'을 견주어가며 부단히 자신의 배경을 '업그레이드'시키면서 인생을 보내다가 그게 심하면 견디지 못해 일찍 죽거나 하는 것이라고 남들이 비아냥거릴 만한 거예요.

　이런 대한민국의 구조와 너무 흡사한 구조의 교회에서 전 사실 지난 10년을 보냈었지요. 자신이 이루어낸 교세 확장의 기여도에 따라서 교회적 익권을 챙길 수 있는 그런 교회에서 말이에요. 교인들 사이의 경쟁으로 인해 사람사이의 인격적 문제가 심하게 갈등화된 그런 교회요…. 결국 그 교회는 흩어짐으로 최종 결말을 보았지요. 옛 교회이야기를 꺼내는 이유는 이런 경쟁사회의 구조를 하나님은 과연 어떻게 보고 계실까 라는 주제로 연결하기 위해서 랍니다.

　우린 경쟁을 하지 않고 바보처럼 살아갈 수도 없습니다. 그렇다고 치열하게 살아가고자 하니 기독교적 영성과 자꾸 충돌하게 됩니다. 충돌을 모른척 하다 보니, 현대기독교인들이 생각하는 윤리가 귀에 걸면 귀걸이 코에 걸면 코걸이 식의 엉터리 해석이 많아져 버렸지요. 이런 모순적인 인간의 삶에 대해서 그냥 생긴대로 살자 하며 악착같이 경쟁하며 사는 것도 나쁠 건 없죠. 하지만 그럼 이 글을 쓰는 이유도 없는 거예요. 그냥 서로 피터지게 경쟁하다 그 여파로 견디지 못할 사람들은 그냥 포기하면 되니까요. 그래서 각종 사망률 1위를 계속 고수하면 되는 겁니다.

활어의 싱싱함 2편

　이 이야기 들어 보셨을 거예요. 원양어선이 잡은 고기를 살아 있는 채로 육지로 가지고 오는 방법에 대해서 쓴 글 말이에요. 어떤 생선의 경우, 잡은 생선이 육지에 도착하기도 전에 대부분 배 안에서 죽어버려 신선도가 떨어져 상품의 가치가 하락하기 때문에 이걸 방지하기 위해, 배에서 고기를 잡은 후 바로 천적이 되는 고기를 같이 집어 넣게 되면 고기들이 천적으로부터 도망다니느라, 잡아먹힌 몇 마리를 빼고는, 대부분 죽지 않고 육지까지 생생하게 유지되어 배달된다는 이야기 말이에요.

이 이야기는 "소수의 피해자가 발생할 수는 있어도 기본적으로 경쟁사회는 우리 인간을 생생하게 만든다."라는 이야기로 들리기도 합니다. 약육강식을 기본으로 하는 경쟁이 꼭 필요하다는 이야기입니다. 단편적으로 보면 정말 옳은 말입니다.

하지만 여기에는 두 가지 치명적인 허점이 있는데요.

그 하나는 단기적으로는 그럴지 몰라도 장기간 놔두게 되면 결국 다 잡혀먹힐 거라는 거지요. 다 잡아먹고 더 이상 먹을 고기가 없는, 그 살아 남은 소수도 곧 바로 죽게 됩니다. 더 이상 먹을 고기가 없으니까요. 아마도 고기 종류에 따라 그런 상황에 도달하게 되면, 자기들끼리 잡아먹는 '카니발리즘'의 단계로 들어서게 되다가, 그러다 결국 최후의 승자 하나만 남게 되고, 그 하나도 머지않아 굶어 죽게 되겠죠.

또 하나의 허점은요, 살던 자연을 떠나 강제적으로 인공적인 배 안에 갇히게 된 상태이니 그 열악한 환경에선 천적이 없이 그냥 죽는다 해도 그건 당연한 죽음이라는 사실입니다. 또한 천적이 있다 해도 자기가 살았던 그 고향 바다에서 맞닥뜨리는 천적과 비좁은 배안에서 만나는 천적은 일단 말이 안되는 게임인 거죠.

따라서 이 이야기는 경쟁사회라는 것이 차단된 환경속에서는 소수의 생존을 위해 다수의 자멸이 필요하다는 억측을 합리화 시키는 예로 오용될 가능성이 있습니다. 오히려 경쟁사회를 옹호할 수 있는 다른 예를 찾아야 나름 호소력이 있을 거예요. 그런 예도 물론 있습니다. 그건 바로 고등어인데요….

혹시 고등어회 드셔보셨나요? 너무도 맛있다고들 하는데 고등어회를 찾기가 힘든 이유는 바다에서 잡은 후 산채로 운반하려고 하면 고등어의 성질이 워낙 다혈질이라 좁은 배 안의 저장고에서 그냥 스트레스 받고 죽어버리기 때문이라지요. 그래서 웬만하면 죽어있는 채로 육지에 배달되거나 아님 배에서 바로 냉동시켜 버린다는군요.

그런데 이 지랄맞은 고등어를 산 채로 육지로 옮겨 올 수 있는 재미있는 방법이 현재 누군가에 의해 실지로 실행되고 있습니다. 방법이 단순하면서도 재밌는데요, 먼저 고등어를 잡은 후 배에 가두지 않고 수백미터 반경의 그물안에 가두어 놓으면 그 안에서 빠르게 헤엄치며 생존한다고 합니다. 그물이긴해도 그 크기가 수백미터이기 때문이죠. 며칠 뒤 그 그물을 해안까지 끌어 오면서 서서히 그 그물의 반경을 좁히기 시작하면 수십미터로 좁혀지지만 그 반경 안에서도 문제없이 생존이 가능할 뿐 아니라 대형어항이 있는 트럭에 싣기 전 그 그물의 반경을 더욱 좁힌 후 며칠을 더 보내면 바다에서 트럭으로 옮겨진 후에도 여전히 빠른 속도로 트럭어항을 돌며 그 속에서 생존하다가 마침내 수 미터짜리 좁은 횟집 어항에 옮겨진다 해도 그 좁은 어항을 미친듯이 돌며 산채로 횟감이 되기를 기다린 다는, 그런 재미있는 방법이지요.

물론 고기의 종류가 다르긴 하지만, 여기엔 천적을 투입할 까닭 이 없습니다. 갑자기 좁은 곳으로 옮기면 죽게 되니 서서히 환경에 적응하라는 '배려'가 있다는 게 다릅니다. 천적이라는 강력한 스트 레스 원인물질을 투여해서 고기들을 극단의 긴장으로 몰아넣어 생 존케 하는 방법과, 고기자체의 단점을 극복시켜주기 위해 시간을 두고 서서히 적응시키는 배려의 방법은 확실히 다르다고 할 수 있 습니다. 단지 그 배려를 실천하기엔 비용이 많이 든다는 어려움이 있을 뿐이죠. 그냥 천적을 투입하면 쉬울 걸, 그걸 일일이 그물 내 리고, 그물 크기 조정하고, 특수 트럭을 부르고 하는 고비용와 시간 상의 낭비 말이에요.

"살아서 육지에 도착한다"라는 같은 과제를 두고 하나는 '극단 의 스트레스'를 통한 방법으로, 다른 하나는 '배려'를 통한 방법으 로 시도한다는 것이 경쟁사회의 경쟁적 방법론을 두고 무엇이 좋은 지를 다시 생각하게 만듭니다. 이 배려는 어찌 보면 경쟁을 포기하 는 반경쟁의 시위처럼 보입니다. 상대방을 죽여야 자신이 생존할 수 있는 콜로세움의 검투사들이, 관람하는 로마황제를 향하여, 동 료를 죽이지는 않으면서 서로가 체력단련을 하며 기술 연마만 하고 있는 시위처럼 여겨집니다. 지금의 예는 다소 난해하니 현대의 인 간사회를 통해 보다 실제적인 예를 들어보겠습니다.

사람은 쥐어짜야 제 맛 3편

저와 아내가 미시간주에서 공부할 때 였는데요. 그 때 아내가 학교 도서관에서 시간제로 근무할 기회가 있었습니다. 그 때 아내가 매일 저에게 해 주었던 이야기가 있었는데요. 그 건 새직원이 업무를 배울 때까지 닥달하거나 재촉하는 일 없이 합리적인 시간과 방법을 통해서 정말 차근차근 일을 가르쳐 주는 것이 아예 공문화되어 있다는 것이었습니다. 첫 날엔 첫 날에 배울 수 있는 일만 가르치고, 처음 일을 하기 때문에 당황하고 서툴러 일을 그릇칠 수 있으니, 역시 도서관에서 줄서서 서비스를 기다리는 학생들에게, 지금 직원은 일을 처음 배우는 중이니 좀 기다려 달라고 부탁하면서, 당황하지 않게 하나하나 그것도 자주 반복해 주면서 일을 배우게 한다는 것이었습니다. 저희는 그 때 정말이지 그 방법에 감동먹을 정도였습니다.

물론 학교 도서관 일이니 상황이 다를 수는 있습니다. 하지만 일반 모든 직장의 분위기가 이런 '배려'의 방식으로 운영된다면 훨씬 회사 다닐 맛이 나겠죠. 새직원의 능숙해짐을 기다리다가 회사 전체의 운영상의 지체성이 발견되면, 다른 회사와의 경쟁에서 뒤쳐지게 되니, 이렇게 기다리다간 종국엔 회사가 망할 지경이 되어버리니, 이런 '배려'의 운영방식보다는 당연히 '극단의 스트레스'로 직원들을 내몰 수 밖에 없습니다.

대부분 먼저 일을 시작한 고참이나 고용주는 먼저 일을 배웠기 때문에, 신참이나 피고용인보다 일을 더 잘 알고 있다는 건 너무도 당연한 것입니다. 그런데 이것을 무기로 삼아, 신참들의 무능을 노골화시키고(신참 무능의 노골화), 잘 가르쳐 주지도 않음으로 해서 그 무능을 고정화시키면서(신참 무능의 고정화), 고참인 자신의 경쟁력을 더욱 표면화(고참 경쟁력의 표면화)하려는 것이 보통의 처세입니다. 그래서 직장생활은 일 자체의 스트레스도 있겠지만 사실은 일을 빌미로 발생하는 신참과 고참, 고용인과 피고용인 간의 기싸움이 직장생활을 더 어렵게 만드는 실제적 이유가 됩니다.

일을 못해서 다그친다 라기 보다 어쩔 수 없는 상황을 이용해 신참이나 피고용인에 대해서 일에 대한 자신의 지배력을 굳건히 하고자 하는 것입니다. 좋게 이야기해서 리더쉽이지 그 배경에는 '인격적인 배려'는 윤리적 표현으로 매도하고 지극히 당연스럽게 '극도의 긴장감'으로 몰아 부친다는 솔직함이 있는 것입니다.

고참으로서 신참에게 정성껏 가르쳐 주고 힘들게 하지도 않고 결국 일을 잘 할 수 있도록 최고의 배려를 해 주었는데, 그 신참이 그런 자신을 제치고 먼저 승진하게 되면, 이런 배려의 모드로 직장생활을 한사람은 바보가 돼 버립니다. 이런 경우 정말 고참이었던 자기를 추월하여 신참이 자기 보다 먼저 높은 자리로 올라간 것에 대해 진정으로 축복해주고 기뻐해 줄 수 있을까요? 억지로 될지는 몰라도 진정으론 어렵겠죠. 그런 사람도 물론 있겠지만 대다수의 사람은 기뻐할 수 없을 거예요. 왜냐하면 경쟁에서 졌기 때문이죠.

그래서 신참을 도와주더라도 자기 위치를 위협하지 못할 만큼 차이가 많이 나는 사람을 도와주면서 도덕적인 생색을 내는 경우도 많습니다.

배려로 사는 것이 좋은 줄은 알지만 배려로 승진하는 것이 아니고 경쟁력으로 승진하기 때문에, 우리는 동료나 고용주에게 일 잘하는 사람으로 비춰져야 한다는 것에 아주 민감하며 또한 강박적입니다. 어느 분야에서든 그렇게 남에게 인식되기를 열망하는 것이야말로 이 세계를 살아가고 있는 우리모두의 시대정신입니다. 이 정신에 부합하면 할수록 그만큼 재화와 명예도 풍족해지기 때문이죠.

이런 심리와 상황을 고도로 이용하여 다른 회사보다 돈을 조금 더 주면서, 가능한 한 더 우수한 사람을 선발하여 20대 중반에서 40대 중반까지 가장 활동력이 왕성한 시기의 집중력을 고스란히 빼어먹고, 고정된 퇴근 시간없이 추가 수당 없는 야근과 주말 행사까지 충실히 수행하는 극소수의 충복들만을 승진시키는 방식으로, 세계화의 물결에 합류하고 이 치열한 범세계적 무한 경쟁의 틈바구니 속에 한국이라는 나라를 각인시킨 훌륭한 대기업들이 우리나라에는 많이 있지요. 대기업의 업주들도 대단하지만 사실 박수는 이런 한국을 만드느라 조기에 생명을 마감한, 40대 사망률 1위를 기록한 그 세대들 모두에게 보내져야 하겠지요.

칸트 할아버지의 고민 4편

우주공간이라는 3차원적 개념을 경쟁이라는 우리의 실존에 접목시키면 다음과 같은 결론을 도출할 수 있습니다.

경쟁은 '터전의 확립'이라는 기본적 욕구가 있습니다. '터전의 확립'은 창출되는 가치를 소유할 수 있는 '공간의 확보'이기 때문에, 3차원 상에 존재하는 인류는, 다시 말해 3차원이라는 우주 공간 안에서 삶을 영위해야만 하는 인간에게 '터전의 확립'은 '공간의 확보'이며 동시에 '존재의 이유'가 되는 것입니다. 그러니까… 경쟁이 바로 우리의 존재이유가 된다는 말이 되는 것이죠. 근데요 그 경쟁 때문에 많은 이들이 중년에 과로로 생명을 잃거나 아님 그 경쟁에서 낙오된 상처로 자살을 선택하는 이런 모순은, 곧 치열하고 피말리는 경쟁이라는 존재이유와 그런 경쟁이 오히려 죽음을 선택함으로 인해 존재의 이유를 상실하게 만드는 '이율배반적 현상'을 증명하고 있습니다.

추구해야만 하지만 추구하다가 문제가 발생하며, 추구함에 있어 태생적인 한계가 항상 도사리고 있는, 이 어쩔 수 없는 이 무엇! 이 무엇이 도대체 무엇이란 말인가요!

위에서 말씀드린 '이율배반'은 이성의 한계를 보여주는 현상을 말하고 있는데요. 인간이 이성적 접근을 하면 할 수록 두 가지가 서로 양립할 수 없는 모순에 이른다는 이야기로, 칸트가 순수이성에서 밝힌 내용입니다. 칸트 할아버지께서 많이 고민하셨다는 느낌을 지울 수가 없네요.

인류의 존재이유를 우리의 현재 진행 중인 삶과 동떨어진 것으로 해석하면 할 수록 그 이유는 증명할 수 없는 난해함으로 가득 차게 되며, 현상 자체가 주는 적나라한 모습을 그대로 인류의 존재이유로 해석하는 순간 책임질 수 없는 현상들에 의해 스스로 짓눌려지게 됩니다.

잠시 이런 모순을 접어두고, 3차원상에 존재하는 우리의 실존이 곧 경쟁이라고 칩시다. 그렇다면 분명 우린 이 경쟁 없이는 존재가 불가능합니다. 더 정확히 이야기 하자면 경쟁심의 발동없이 생명을 유지할 수 있는 사람은 하나도 없다 라는 겁니다. 즉 경쟁은 우리 인류의 실존인 것입니다. 그 모순만 무시할 수만 있다면요.

과거로 한 번 가보죠.

박정희와 전두환 5편

청동으로 물건을 이제 막 제조할 수 있었던 그 시대로 가보죠. 그런 청동기시대의 전쟁은 그야말로 낭만의 전쟁이었습니다. 청동은 그 당시에 구하기 어려웠던 제품이었기 때문에 이런 청동으로 무기를 만들어 지니고 다닐 정도면 그야말로 그 당시엔 귀족이었죠. 마치 현대의 소수의 엘리트 군인들만이 전투기를 몰 수 있는 것처럼요. 그래서요 전쟁이 나면 일부 귀족들만이 비싼 말이 끄는 수레를 타고 적진으로 달려가고, 상대편도 마찬가지로 일부 귀족들만이 그런 수레를 타고 달려와서, 어처구니 없게도 두 진영의 귀족들이 수레에서 다 내린답니다. 그리고 청동무기로 싸움을 시작하다가, 누가 하나 죽을 수도 있고 아님 결판이 나지 않는 경우는 다시 그 수레를 타고 본 진영으로 돌아온다고 하죠. 무슨 동네애들 싸움하듯이 말이에요.

귀족들이어야만 당시로서는 그런 최첨단의 무기를 소유할 수 있었기도 했지만 또한 귀족으로서 리더쉽을 유지하려면 그런 전쟁에 앞서 나가야 했던 상황이라 이와 같은 전쟁의 형태가 이루어졌던 것이죠. 그래서 많은 경우 가장 싸움을 잘 하는 사람이 부족의 수장이 되었습니다. 현대에는 자본을 잘 끌어오고 그 자본으로 부를 창출할 수 있는 능력이 있는 사람이 사장이 되는 것처럼요. 하지만 현대에도 여전히 학교에선 싸움을 가장 잘하는 학생이 '캡짱'이 됩니다. 재학 중에는 그렇지만 졸업 후에는 달라지죠. 공부 잘하는 사람이 앞으로 현대사회가 요구하는 '캡장'이 될 가능성이 훨씬 크기 때문이죠. 그래서 우리의 학창시절에는 공부 잘하면 '날라리들'도 안 건드린다 라는 말이 있었죠. 단기적 캡짱과 장기적 캡짱의 위세가 충돌하는 순간이죠.

철은 청동보다 지구상에 훨씬 더 많고요. 따라서 더 싼 제품입니다. 더 강하기도 하구요. 근데 녹는점이 청동보다 높아 제품화시키지 못하다가 풀무의 온도를 더 높일 수 있는 기술이 개발되고 난 후 그야말로 더 싸고, 더 세고, 더 흔한 제품으로 탄생되었습니다. 한마디로 '개나 소나' 모두 첨단의 무기를 지니고 다닐 수 있는 시대로 도래한 것입니다. 철기시대죠.

고대나 지금이나 전쟁은 일종의 모든 경제의 근원입니다. 전쟁으로 한국을 점령한 일본인들에게 잘 보인 친일파의 자손은 지금까지도 경제적으로 안정되게 잘 살고 있습니다. 결국 전쟁의 이권에 참여한다면 그 어떤 것 보다도 확실하게 부를 손에 잡을 수 있다는 이야기입니다.

자, 그래서요 철기로 무장한 군대로 전쟁을 일으키는 시대로 인류는 도래하게 되었습니다. 청동기처럼 동네 싸움도 아니구요. 낭만도 없어졌습니다. 대량학살이 발생하기 시작했는데요. 그 이유는 웬만하면 모든 병사들에게 철제무기를 쉽게 조달해 줄 수 있었기 때문입니다.

그리고 로마제국 이전의 철기시대에선, 많은 경우 왕은 군대를 조직할 때 군인들에게 월급을 줄 수가 없었기 때문에 이웃나라를 점령한 후 월급대신 각자 마음대로 사람 물건 할 것 없이 원하는 대로 다 노획하라고 허락했습니다. 이긴 쪽 병사들은 그야말로 원초적 본능으로 마구 남의 여자를 강간하고 대개는 죽이고 쓸만하면 노예로 데려가고 남들이 평생 모은 재산들을 모조리 자기 것으로 취하면서, 때론 수 일동안 광란의 날들을 보내기도 했죠. 전쟁에 출정한 아빠가 이기고 돌아올 때, 한 가득 들고 오는 그 전리품들은 승전국 국민 가정가정마다 삶을 윤택하게 하는 밑천이 되었던 거죠. 반면 전쟁에 진 국민들은 우리가 공포영화에서나 볼 수 있었던 수준의 잔학상이 눈앞에 연출됩니다. 이런 일을 하라고 명령한 왕중에 하나가 바로 알렉산더 대왕입니다. 나름의 이유가 있었겠지만, 어찌 보면 히틀러와 비교해서 막상막하입니다. 근데 한 사람은 대왕이고 다른 한 사람은 아주 죽일놈이 되어 있습니다. 바로 시대적인 요구에 부합하지 못했기 때문이죠. 박정희와 전두환의 차이도 그렇구요.

그 당시 백성들은 그래서 항상 전쟁에서 이기는 군주를 찾거나 아니면 전쟁을 잘 피할 수 있는 군주를 찾아서 헤매기도 했는데 이건 삼국지에도 잘 나와 있습니다. 다른 군주와는 달리 유비에게는 유비가 거주지를 옮길 때에 유비의 뒤를 따르는 수많은 백성의 무리들이 있었습니다. 이 따르는 무리를 모두 끌고 가자니 그 속도가 너무 느려서 쫓아오는 적군에게 공격 당할까봐 가장 노심초사했던 인물이 바로 제갈공명 이었습니다.

전쟁의 '쟁'은 경쟁의 '쟁'과 한자가 같습니다. 경쟁은 이렇게 우리의 모든 원한과 고통과 아픔과 상처, 나아가 저주와 복수의 모든 근원을 제공하고 있는게 분명합니다. 그렇다고 경쟁을 안 할 수도 없구요. 대안은 없는 걸까요?

전쟁을 좋아하시는 하나님 6편

대안을 논하기 위해 역사학자들의 주장을 먼저 들어보죠. 역사학자들이 말에 의하면, 2차 대전 이후에 살아가는 인류는 그 어느 시절의 인류보다 가장 전쟁이 없었던 시대를 살아가는 축복받은 세대들이라는 거예요. 아마도 각 세대들의 총 세계 인구수와 당시 존재한 국가의 숫자, 무역비중 대비 전쟁자본 비율, 그리고 전쟁발발 횟수 등을 총동원해서 나름 열심히 산출한 결론일 거예요. 극한 경쟁의 최종 산물인 '전쟁'을 보기 위해 성경의 구약시대로 돌아가보죠.

구약의 성도들이 하나님을 전쟁의 신으로 묘사하며 전쟁의 승리를 절대화하며 살아갈 수 밖에 없었던 이유를 한 번 생각해 보도록 하지요. 만약 지금 현대의 기독교인들이 고대 유대인처럼 하나님을 전쟁의 하나님으로 정의하면서, 하나님을 믿지 않는 민족들을 완전 멸절하고 이 땅에서 그 씨를 끊어버리려 전쟁을 일으킨다면, 이건 부시대통령의 '악의 축' 발언보다 더 심각한 지경에 이르게 될 거예요.

하지만 구약에서는 선민인 이스라엘민족이 하나님의 명령에 따라 허락하신 땅을 차지하는 명분에서는, 비록 한 집단이 다른 한 집단을 완전 멸절한다 해도 하나님의 명령이 있는 한, 그것은 죄가 되지 않는다 는 사실입니다. 그러니까 하나님이 친히 쓰신 십계명의 '살인하지 말라'라는 계명은 항상 그런 것이 아니라, 하나님이 죽이라고 말씀하셨을 때는 예외가 있다는 것을 인정해야 한다는 것입니다. 그 예외가 바로 '하나님이 명령하신 전쟁'이 되는 것입니다. 그래서 구약은 자주 하나님이 '전쟁의 신'으로 묘사됩니다.

하지만 고대사회는 유대민족 뿐 아니라, 그 당시 세계의 모든 나라들이 전쟁을 수행해야만 했던 절실함이 있었습니다. 전쟁은 생존을 위해 피할 수 없었던 그들의 삶 자체 였으며, 역사가 그 세대 인류에게 부과한 필연적 삶이었지요. 당시엔 국가간 협약의 성숙도를 기대할 수도 없었고 노동력을 대체할 기계도 전혀 없었으며 생존을 위한 사회제도는 꿈도 꿀 수 없었던 원시적 인권의 세상이었기 때문에 전쟁은 그 당시 생존경쟁의 실질적 내용이었던 것입니다. 그러면 현대를 살아가고 있는 우리 삶의 실질적 내용과 비교를 해 보겠습니다. 앞의 1편의 글에서 이런 이야기를 했었지요.

'명문대학, 대기업, 계열사 사장, 고액연봉, 높은 명예, 돌진의 자세, 오늘날의 지상명령'

모두 행복을 가져다 줄 것이라 믿는 단어들이죠. 이 단어들이 자기 것이 되었을 때, 커다란 행복과 환희를 느낄 수 있겠죠. 그리고 위의 단어들에다 고대 사회의 이야기를 대입시키면요.

'철제무기, 군사모집, 침략전쟁, 노예포획, 전리품, 그러니까 그 당시의 지상명령'

그 시대가 요구하는 실질적 풍요의 극한 단어들이 각각 열거된 것도 동일하지만, 만약 그 풍요에 속하지 못하게 되면 경우에 따라 생명을 다하지 못하고 일찍 죽어야 하는 것도 어찌 그리 빼닮았는지 모르겠습니다. 하지만 좋은 점이 하나 있습니다. 경쟁의 본질은 같을지라도 그 내용은 상당히 세련되어져 간다는 사실입니다.

경쟁에도 세련미가 있다 7편

맞아요. 경쟁이 세련되어지고 있습니다. 이 세련됨을 얻기 위해, 때론 '인권'이라는 이름으로 투쟁을 하고, 때론 '혁명'이라는 이름으로 피를 흘리면서, 밀고 당기는 세력싸움으로 이렇게 역사는 흘러

왔지요.

현대인의 안목으로 과거를 바라보면, 그 전쟁이 너무 잔인하고 미련하며 야만적이라는 것에 모두가 동의할 것입니다. 하지만 마찬가지로요, 먼 훗날의 우리의 후손들이 현재의 우리를 돌아다보면, 우리가 과거인들에 대해 내렸던 그런 평가를 똑같이 우리에게 부여할 것이에요. 돈을 서로 더 벌기 위해서 죽을 힘을 다하며, 지식적 사업 경쟁의 구도속에 갇힌 우리의 삶이, 우리 후손들에겐 "아! 그땐 그럴 수 밖에 없었겠구나."하고 말이죠.

우리의 후손들이 현대의 지식적 경쟁체제의 비효율성과 탈인간성을 기초 상식 수준으로 이해하고, 그 이해에 따른 진보된 사회제도를 완전히 뿌리내리면, 21세기를 살아가는 우리 삶의 모습도 역사의 한 본질 속에 시행착오의 교훈을 남기면서 하나의 작은 페이지로 남겼죠. 우리에겐 현실이었고 치열했으며 때론 악랄했던 그런 모습은 더 오래된 과거와 비교하여 본질적으론 다를 바 없지만, 그 형태만 다른 것으로요.

하지만 그 형태는 분명 세련되어져 가고 있습니다.

현대를 살아가는 우리가 구약에 묘사된 전쟁에 대한 해석을 보면 그 원초적 본능에 눈살을 찌푸리게 되지만, 그건 잔인하고 미련한 야만적 행위가 아니라, 오히려 그들에게 있어 가장 치열한 삶의 영역이었고 그러기 때문에 고대인들은 다른 무엇보다도 이를 통해 하나님을 알기 위해 몸무림을 쳤던 것이었지요. 그래서 이와같은 시각으로 구약에 묘사된 전쟁을 바라보게 되면, 시대가 주는 경쟁의 본질을 통해서 인류가 넘기 힘든 역사적 한계성에 대한 이상적인 합의를 도출할 수 있습니다. 더 나아가, 전쟁의 신으로 묘사된 하나님에 대한 인간 입장에서의 오해를 누그러뜨릴 수도 있지요.

만약 예수님이 수 천년 뒤까지도 여전히 재림하지 않으시고, 하나님은 천재지변을 일으키지 않으시며, 인류가 핵전쟁으로 자멸하지 않는다면, 인류는 지금보다 훨씬 세련된 경쟁사회속에서 삶을 영위할 수 있을 거예요. 변함없이 죄악되고 서로 미워하고 시기하는 사회는 여전하겠지만요.

사실 세련되어지는 경쟁의 본질 속에는 '성화'의 의미가 담겨 있답니다.

경쟁의 역사성도 하나님의 주권 아래 있다고 믿는다면, 이렇게 세련 되어 가는 경쟁의 변천 속에서 인류의 '성화'를 도우시는 성령의 역사를 느낄 수 있다는 것이 당연한 것 아닐까요?

너의 믿음대로 될지어다 8편

우린 거의 매일 운전을 하고 살아가죠. 특히 초행길에서는 이정표가 절대적이죠. 하긴 요즘은 스마트폰 앱이 너무 좋아 이정표를 보지 않고도 길을 찾을 수가 있더라구요. 근데 이정표가 보여주는 거리의 이름, 도시의 이름은 그야말로 이정표가 제시하고 있는 앞으로의 현실을 말해 줄 뿐이죠. 그 방향으로 운전대를 돌린 후 전진해 나아가야 도달할 수 있는 미래적인 의미를 담고 있을 뿐입니다. 그러니까 이정표 자체가 그 거리나 도시를 의미하는 것은 아니란 말인거죠.

성경을 이런 마음가짐으로 바라보게 되면 성경이 말해주고 있는 수 많은 이야기들 속에 하나님이 인류에게 말씀하시고자 하는 그 이정표적인 방향성이 있다는 것이 감지되지 않을까요? 이정표를 발 밑에 깔고 가고 싶은 그 도시에 이미 도착했다고 우기지 말고요.

예를 하나 드리면요, 유명한 여리고성의 승리를 읽고 감동받은 현대를 살아가는 기독교인이 자신이 갖고 싶은 건물로 가서 성경의 말씀대로 일주일간 13바퀴를 돌고 소리를 질렀다고 생각해 봅시다. 정말 이렇게 신앙을 표출하시는 분들이 꽤 계시는 것 같아요. 그 분들의 마음 속을 다 알 수는 없겠지만, 그 동기는 아마도 이와 같을 것입니다. 하나는, 하나님의 말씀대로 따르기 위한 순종이구요. 또 하나는 그렇게 하면 원하는 것을 하나님이 주실 거라는 믿음 때문입니다. 여기에는 우리의 마음 속에 강력하게 자리잡은 한 가지 형태의 신앙이 그 근간을 차지하고 있습니다. 그러니까 "예나 지금이나 동일하게 역사하시는 하나님이라는 믿음"입니다.

그건 당연히 그렇죠. 그 어느 누가 하나님의 초월적 역사성에 반론을 제기할 수 있겠어요. 그런데 구약의 여리고성의 기적을 자기의 기도제목과 동일시하는 과정에서 우린 생각할 게 많습니다. 자기는 항상 그러한 성경의 영웅들, 그러니까 여호수아, 모세, 요셉과 같은 인물을 자기와 쉽게 동일시 하면서 상대방을 자신도 모르는 사이에, 여리고성 사람들, 바로 왕, 요셉의 형제로 아주 쉽게 간주해 버립니다. 잘못하면 상대방의 입장을 생각지 않고 하나님은 자신만 사랑한다는 믿음을 경솔하게 표출하게 되는 것이지요.

그리고 총 13바퀴를 돌고 소리지른 후, 그 분의 마음속엔 건물이 무너질거라는 믿음보다 그 건물을 나에게 주실 것이라는 믿음이 사실 상 남아 있게 됩니다. 여리고성의 기적의 말씀을 믿기는 하지만, 이 경우엔 무너지는 기적이 아니라, 그 성이 무너지는 걸 대신해서, 그 건물이 내것이 된다라는 믿음으로 둔갑되어 버린 것입니다. 이왕 믿을려면 문자 그대로 다 믿던가, 그것도 아니고 자기의 원하는 바에 따라, 문자적인 것은 문자적인 것으로, 해석적인 것은 해석적인 것으로, 좋은 것만 취하는 것이 되어버린 거예요.

우린 이 경쟁사회에서 살아남기 위해서, 원하는 것을 소유하는 과정에서, 우리의 하나님을 아주 난처하게 만드는 여러가지 영적시도를 하고 있는 셈인 거죠. 하나님 정말 난감하실 거예요.

하루에도 수억 번 9편

일상을 통해서 우리는 크고 작게 빨리 실망하고 빨리 만족해 하면서 살아가고 있습니다. 자신의 예측과 실제상황이 들어맞게 되면 모든 세상이 자신의 손안에 들어온 것처럼 마음은 기뻐 날뛰게 됩니다. 마치 장자방이 된 듯 뿌듯한 마음 가득하지요. 그러다가도 확신에 찼던 예상이 빗나가게 되면 또한 너무 쉽게 인생 다 산 사람처럼 좌절에 빠지곤 하죠. "난 항상 왜 이렇지?"하면서요. 하루에도 여러 번 이런 경험들이 우리의 삶을 요동치게 만듭니다.

우주라는 공간 속에 살고 있는 인류는 어쩔 수 없이 시간성의 지배를 받으며 살아갈 수 밖에 없으니, 시간이라는 미래에 대해서 늘 궁금할 수 밖에 없으며, 또한 그러기 때문에 늘 예측을 해야만 합니다.

예측을 하는 사람은 자신의 예측을 완성으로 이끌기 위해 그 예측대로 행동하고 또한 그렇게 하라고 타인에게 요구도 합니다. 이러한 예측은 사람마다 비슷할 수도 있고 혹은 정반대일 수도 있기 때문에, 이런 이유로 예측이 서로 충돌할 경우, 역시 경쟁이 발생하게 됩니다. 그러니까 경쟁은 미래를 알 수 없는 인류가 그 한계를 극복하고 살아남기 위해 나름대로의 예측성을 발휘하고 그 예측대로 살기 위한 몸부림들의 충돌이라고 할 수 있겠습니다.

경쟁을 의미하는 이러한 처절한 몸부림은 역사가 흐르면서 더욱더 세련되어져 가고 있음에는 틀림 없습니다. 하지만 그 완성에는 이를 수는 없을 것 같습니다. 무한히 세련됨을 향하여 나아갈 수는 있지만, 공간속에서 우리를 생존하게 만드는 그 원동력이 바로 경쟁이기 때문에, 경쟁이 있는 한, 어떤 형태로든 그 악영향은 늘 같이 존재하기 마련이니까요.

인간 존재의 필연성을 '공간과 경쟁'이라는 현실과 관련하여 정리를 좀 하면요. 그 이유가….

인간은 공간속에서 머물기 때문이죠.
따라서 시간성의 지배를 받기 때문이죠.
그 시간의 미래를 알 수 없기 때문이죠.

그래서 예측해야만 하기 때문이죠.

그 예측끼리 충돌하기 때문이죠.

그 충돌을 통해 경쟁이 발생하기 때문이죠.

자신의 예측이 이루어지려면 그 반대의 예측은 사장되어야 하기 때문에 인류는 어떤 형태로든 싸울 수 밖에 없기 때문이죠.

아무리 세련된 경쟁을 한다 하더라도 그림자처럼 공존하는 그 이면의 어두움은 없애버릴 수가 없는 까닭입니다. 이건 예수님을 닮아가려 매일 기도하고 묵상하고 행동해도, 우리가 '성화'라는 단어를 대할 때, 그 끝과 맞닿아 있는 예수님의 인격과 견주어서, 달성했다 라고 말할 수 있는 사람은 아무도 없는 것과 마찬가지의 의미입니다. 찰나적으로 달성할 수 있을지는 몰라도 불변의 의미로는 불가능한 숙제입니다.

그저 그런 예수님을 닮아가기만 할 뿐이죠.

그렇다면요….

사후세계 10편

공간속에 머물고 있는 인간이 공간을 초월할 수 있다면 경쟁을 완전히 극복할 수도 있겠네요. 우주 공간속에 갇혀 있는 인류가 이 공간을 과연 초월할 수 있을까요? 그건 우주 공간을 떠난다는 말이 됩니다. 그게 바로 '죽음'이겠죠.

그럼 '죽음' 후에는,

'천국'이 기다리겠죠.

그럼 우주 공간을 초월한 그 '천국'을 예상할 수 있을까요?

쉽지 않을 거예요.

늘상 공간속에서만 살아 왔기 때문에요.

그래서 천국은 우리가 절대 알 수 없는 정말 예측불허의 세계입니다. 천국을 가보고 왔다는 분들의 간증을 폄하할 생각은 전혀 없습니다. 단지 "누군 큰 집에 사는데 누군 변두리 초가 집에 살더라" 하는 방식들의 간증은, 이 세상에서 우리가 늘 의문을 갖고 괴로와 했던 그 경쟁사회를 잘 갖추어진 이상복지사회로 전환시키면서, 그런 천국에도 사는 집의 크기에 따라 계층이 존재해야 한다는 논리로 들리지 않겠어요? 그리고 그 계층은 이 세상처럼 '죽을 때까지'가 아니고 '영원토록' 존재하니 정말 큰일 날 일이지 않겠습니까! 정말 그런 천국에 가고 싶으세요? 전능하신 하나님이 예비하신 천국이 고작 그런 수준이라 생각하시나요?

플라톤이 한 말 중에 그 유명한 '동굴의 비유'라는 것이 있죠. '평생 동굴안에서만 살았던 사람이 동굴밖의 세상을 어떻게 예측할 수 있겠는가.'라는 반문입니다. 그 어떤 상상력을 동원한다 해도 동굴밖에 펼쳐져 있는 그 밝은 세상을 결코 확증해서 말할 수는 없을 거예요. 동굴 밖으로 나가야만 비로소 알게 되겠죠.

천국도 우리가 그 날까지는 알 수 없는 '상상불허의 약속'인 것입니다. 정말 그 날이 와야 비로소 알게 되는 '감추어진 축복'인 것이죠.

　천국은 우리의 현생활 처럼 필요한 큰집과 좋은 의복이 갖추어진 곳이라는 개념을 과감히 던져버리고, 그것이 무엇인지는 모르겠지만, 공간 속에 한정된 물질의 개념을 뛰어 넘어, 우리의 모든 존재가 하나님속으로 그냥 푹 담겨져, 나의 존재의 각 부분 부분들이 모두 한결같이 하나님을 느낄 수 있는, 바로 그런 곳이 아닐는지요.

　이런 의미에서는 "천국으로 간다."라는 표현이 주는 공간적 개념 보다는 "하나님께로 간다."라는 존재적 표현이 더 정확할 것 같습니다.

　하지만 불행하게도 우리는 하나님께로 가기 전, 육신이 세상에 속한 상태에선, 절대로 하나님을 제대로 볼 수가 없습니다. 그럼 다시 하나님을 제대로 볼 수 없는 이생으로 돌아와서요….

결론입니다 11편

　육신이 세상에 있는 한, 우린 여전히 시간성을 극복하기 위한 예측을 해야 하며, 그 예측의 충돌로 서로 경쟁하며 살아가야 하구요. 이 과정에서 '성화'라는 의미로 세련된 경쟁을 추구할 수는 있으나, 이 세련됨이 모든 '성화의 완성'이 결코 될 수는 없기 때문에, 인간은 우주안에선 성화의 최종적 완성을 결코 볼 수는 없을 것입니다. 이 한계가 우리를 슬프게 합니다. 하나님께로 가야만 완성될 수 있는, 그래서 이 세상에선 그 완성을 볼 수 없는….

아담부터 지금까지, 우리 영혼과 육신에 담겨져 왔고, 또 앞으로 담겨질 모든 인류의 한과 슬픔, 토할 것 같은 지겨움, 분노의 저주, 잔악한 살인, 죽고만 싶은 육신의 고통, 처절한 외로움, 우울로 점철된 무기력…. 이 모든 아픔들에 대해서 우리는 이 우주 공간에서는 그 완성의 해결책을 볼 수는 없을 것입니다. 이 공간이라는 우주를 탈피하여 하나님께로 갈 때만 얻을 수 있는 그 완성 말이에요.

누구나 이러한 삶의 한계와 본질에 대해서 고민을 합니다. 그 궁극적 고민인,

'예수를 통한 하나님'에게 모든 것을 송두리채 맡긴 개인의 실존에 대해서,

그리고 더불어 살아야 하는 타인의 실존 나아가 모든 인류의 실존에 대해서,

경쟁이란 형태로 살아갈 수 밖에 없는 우리의 오래된 기억에 대해서,

이런 삶의 방식을 이해할 수도 없지만 그렇다고 거부할 수도 없는 이 중압감에 대해서,

이제 조심스럽게….

모두가 알고 있는 '이 단어'에 대해서 피상적인 관념을 타파하고 싶은 욕심으로,

모두가 더불어 살아 갈 수 있는 '세련된 경쟁'을 각인하고 싶은 간절함으로,

'존재론적 의문'과 '현실적 요구' 사이에서,

'절대자'에게 모든 걸 묻고 싶지만 속시원히 대답하지는 않으시고,

그러나 선물로 주신 '성경'에 따라,

'이것'이 바로 '그것'이었어요.

…

'선악과'

인류의 삶을 규명한다는 건, '선악과와 천국 그 사이에 놓인 인류의 실존'을 고민하는 작업이지요.

건강

자연사는 질병없이 음식을 거부하고
기력을 소진하게 한 후
죽는 순간엔 극도의 환희를 선물로 준다고 한다.

식물들의 반란

우리를 위해 존재하고 있던 그런 식물들이
인간의 무분별한 생태계 훼손에 대항하여
일시에 인간을 자살충동으로 몰아가는 물질을 분비하게 된다는 상상

한 때 매스컴을 달구었던 이야기가 있었다. 그건 Phytoncide (피톤치드) 라는 물질이었다.

사람처럼 움직임을 창출할 수 있는 동물이 어느 한 순간 그 이동할 수 있는 능력을 상실했다고 가정해 보자. 그렇다면 인간은 한순간에, 조금이라도 움직일 수 있는 개체의 먹이감으로 전락해 버리고 말 것이다. 식물이 바로 그렇다. 항상 먹이감이 되는 것이 그들의 존재 이유 중 하나이다.

"하나님이 이르시되 내가 온 지면의 씨 맺는 모든 채소와 씨 가진 열매 맺는 모든 나무를 너희에게 주노니 너희의 먹을 거리가 되리라." 창세기 1:29

그런데 이런 식물도 자기를 방어하기 위해 방어물질을 방출하는데 그것이 Phytoncide(피톤치드)이다. 평생 움직일 수 없는 식물들은 자신에게 접근하여 자기를 먹으려 하는 생물들로 인해 고생할 것이며, 그런 병원균이나 해충, 곰팡이를 물리치려고 이러한 자기 방어 물질을 분비해야 한다. 그런데 이 물질이 사람에게는 득이 된다는 것이다. 사람이 이 물질과 접촉할 수록, 이 물질의 힘으로 사람의 몸에 기생하는 그런 병균들을 제거할 수 있다는 이야기다. 논란의 여지는 있으나, 여러가지 과학적 결과물들이 이 사실을 강력하게 증거하고 있는 추세이다.

　사람과 식물에게 공통적으로 적이 되는 병균들을 선별적으로 물리칠 수 있는 물질이라 한다면, 식물은 분명 우리의 편임에 틀림없어 보인다. 물론 이렇게 단순하지는 않다. 인간에게 독이 되는 식물들도 헤아릴 수 없이 많기 때문이다. 어떤 식물은 한 곤충에게는 전혀 무독하나, 인간에게는 치명적인 맹독을 품고 있는 경우도 있다. 그냥 인간에게 득이 되는 식물과 독이 되는 식물이 있으며, 그 중 득이 되는 식물이 가지고 있는 물질을 피톤치드라고 생각하면 될 것이다.

　그런데 아주 재미있는 상상이 있다. 아니 무시무시한 상상이라 하는 것이 맞을 것이다. 어느 한 순간, 우리를 위해 존재하고 있던 그런 식물들이 인간의 무분별한 생태계 훼손에 대항하여, 일시에 인간을 자살충동으로 몰아가는 물질을 분비하게 된다는 상상이다. 그 상상을 바탕으로 만든 영화가 있다. 2008년 개봉한 Shyamalan

감독의 'The Happening'이란 영화이다. 영화를 소개하려고 이 글을 쓰는 것은 물론 아니다. 그냥 메릴랜드의 한 우거진 숲을 걸어가면서 과연 이토록 아름답고 편안한 나무들이 인간을 대항하여 그런 생각을 과연 할 수 있을까 궁금할 뿐이다.

서울의 남산에는 소나무들이 많다. 그리고 유독 남산의 소나무 가지에는 솔방울이 평균치 이상으로 많이 달려 있다. 식물학자들은 그 이유가, 서울의 환경이 현재 서식하고 있는 소나무들에겐 유독하기 때문에 자신이 죽기 전에 그 자손을 많이 번식 시키려 한다는 생명본능으로 설명하고 있다. 그 다음 세대의 소나무가 될 그 솔방울의 세포 내부의 유전자를 들여다 보게 되면 아마도 부모세대의 유전자에서 볼 수 없었던 새로운 환경에 대한 환경 저항적 인자를 찾을 수도 있을 것이다. 지금 진화론을 언급하는 것이 아니다. 단지 그런 인자를 찾게 된다면, 그 소나무의 환경 저항적 인자와 인간 유전자와의 상호반응을 살펴보지 않을 수 없을 것이다. 그 새로운 환경 저항적 인자의 특성이 인간의 세포를 공격하거나 괴롭게 할 수도 있기 때문이다.

여전히 우린 아토피성 염증에 대해서 이렇다 할 결과를 내지 못하고 있다. 그냥 환경적 요인이 그 한 가지 이유라 주장할 뿐이다. 바로 그 환경적 요인! 우리가 편리해진 댓가로 발생된 식물들의 유전자 변위, 그 변위가 고스란히 담긴 각 식물의 꽃가루, 그리고 그 꽃가루가 가져다 주는 알러지, 그 꽃가루 알러지는 우리 부모 세대에서는 찾아 보기 힘든 것이었다. 우리가 초래한 그런 변위는 식물들에게만 국한되는 것이 아니다. 다른 동물들에게도 적용이 된다. 유전자 변위가 인간 자신의 내부에서도 진행된다는 이야기다. 변위는 대개가 강한 형질보다는 약한 형질로 진행되기 마련이다.

한 세대만에 약한 형질로 진행 되어 버린 인간과 환경적 저항 인자를 품게 된 식물과의 공생은 상호간에 많이 삐거덕거릴 것이다. 그리고 여전히 우린 아토피성 피부염, 계절별 알러지, 새집증후군이라는 이름은 다르지만 형태가 유사한 과민한 상호 작용의 세상에서 허덕거리고 있다.

개체 간에 상호 독성은 증가하지만 그에 대항하는 저항성은 서로 감소하는 소모성 경쟁 형태로 몰입하는 것 같다.

세포들의 반란

'소외'와 '혹사'를 오랫동안 경험하면 인간은 변한다
인간 신체의 기본 단위는 세포이다
이런 세포도 '소외'와 '혹사'를 경험할 수 있다

오차범위가 크긴 하지만, 인체는 대략 30조 정도의 세포로 구성되어 있다고 학자들은 이야기한다. 그 세포들마다 자신만의 영역이 있고 또 그 역할이 있다. 입 속에 있는 고기 한점이 소화되고 흡수되어 이동된 후에 세포의 구성성분이 되고, 경우에 따라 에너지원으로 이용되며, 자신이 속한 세포의 기능에 따라 그 고유의 역할을 감당하게 되는 그 역할 수행의 과정은 길고 복잡하다. 헤아릴 수 없이 많은 화학성분들이 생성되고 변화되며 소멸되는 과정 속에 세포의 존재 이유가 드러난다. 세포는 사용될 때 그 존재 이유에 부합하게 된다. 다시 말해 신체에 한 부분으로서 그 역할이 꼭 있다는 말이다.

마시는 공기와 먹는 음식이 바뀌면 신체의 생화학적 변화도 동반된다. 특히 인체가 소화시켜야 하는 일정 단계를 생략 시켜 버린 가공음식을 자주 섭취하게 되면 그 생략된 것만큼 사용되지 않는 세포수가 증가하게 된다. '소외' 당하는 세포가 늘어난다는 이야기이다. 이런 '소외'가 반복되고 장기화 된다 해도 그 단계에 사용되었던 세포가 단순 퇴화 되거나 아님 다른 기능에 사용되면 다행이다. 그런데 그렇게 유연하게 반응하지 않고 그런 소외된 세포가 주변 세포들을 무시하고 스스로 존재가치를 높이게 되면 무분별한 세포 분열로 달려가게 된다. 바로 암이다. 소외된 세포가 목소리를 높인 결과이다.

또한 가공식품속에 포함된 인체와는 별 관련이 없는 화학성분을 자주 먹게 되면 이걸 해독하고 배출해야 하는데 이 과정 속에서 평소보다 유난히 이 일을 더 많이 수행해야 하는 '혹사' 된 세포들이 출현하게 된다. 역시 반복되고 장기화 되면 혹사를 견디지 못하고 반발할 가능성이 높아진다. 반발하는 힘을 규합하여 무분별한 세포 분열로 돌진할 수 있는 것이다.

암의 발병 원인으로 자주 거론되는 원인 중 하나가 바로 스트레스이다. 스트레스의 병인학적 설명은 정신세계의 원인이 물질세계의 결과로 나타난다는 그 심인성을 강조한다. 그 스트레스가 물질세계로 영향을 미칠 때에는 생명의 기본 단위인 세포가 공격을 먼저 받게 된다.

이런 의미에서 볼 때 세포들의 반란을 잠재우기 위해선 세포를 '소외' 시켜서도 안되고 또한 '혹사' 시켜서도 안 될 것이다.

길들여진 맛

많은 경우
우리의 아픔은
우리의 모습이 되어 버린다

　빵과 과자는 서구에서 들어온 음식이기는 하지만 이미 여러 나라에 토착화 되어 서로 각자의 길을 가고 있는 음식이다. 그러다 보니 세월이 흐르면서 맛 자체가 서로 다른 이질성을 갖게 되었다. 한국의 빵과 과자는 우리 입맛으로는 분명 단 음식이기는 하지만 미국사람들이 즐기는 빵과 과자를 먹어 본 한국사람은 많은 경우 터무니 없이 달기만 한 그 맛에 많은 실망을 보이기도 한다. 상대적으로 단맛이 적은 한국 빵과 과자를 건강식품인 줄 알고 찾는 미국사람도 있다.

　어릴 적, 한국에 처음으로 소개된 초콜릿칩 쿠키가 있었다. TV 광고에 나오자 마자 동네 구멍가게로 달려가 한 봉지를 구입하고 바로 집으로 돌아와 그 봉지를 뜯고 흥분된 마음으로 한 입 깨물었다. 그런데… 초콜릿이 씹히는 느낌을 감지하기가 힘들었다. 자세히 살펴보니 가뭄에 콩 나듯 조그마한 초콜릿 몇 개가 과자 속에 파묻혀 있을 뿐 이었다. 대 실망이었다. 아무리 대기업이라 해도 손해 보고 장사할 수는 없는 노릇이니 초콜릿 공급에 대해 가난했던 한국의 경제력과 기술력이 그대로 제품에 반영될 수 밖에 없었다. 간혹 동네시장에는 미국제품을 취급하는 '미제 아줌마'가 있었다. 미군부대를 통해 들어오는 음식을 구입해서 판매하는 사람이다. 가끔 그 미제 아줌마를 통해 맛보는 초콜릿칩 쿠키나 일명 '새알 초콜릿'의 맛은 우는 아이의 울음을 멎게 하는 강력한 유혹이 있었다. 하지만 TV광고에 나온 이 과자는 해도 너무 하다 할 정도로 함량미달 제품이었다.

이후 삼십이 조금 안 된 나이에 미국으로 와서 그 꿈에 그리던 초콜릿칩 쿠키를 아주 저렴한 값에 무한정 먹게 될 수 있었다. 그 순간이 지금도 생생하다. 며칠간 행복한 마음으로 애들처럼 계걸스럽게 먹어 댔다. 그런데 그건 정말 며칠 간 뿐이었다. 어느 순간 지나칠 정도로 너무 많이 들어 있는 초콜릿과 그 심한 단맛으로 인해 바로 물려버리게 되었다. 좀 과장하면 토할 지경이 되어버린 것이다.

그리고… 어릴 적 먹었던 초콜릿 얼마 들어 있지 않은 그 빈약한 한국식 초콜릿칩 쿠키가 그리워지기 시작했다. 후에 한국에서 미국으로 수입된 그 한국식 초콜릿칩 쿠키를 그리운 마음으로 사서 먹었는데 그 과자를 씹는 그 순간 난 본능적으로 느낄 수 있었다.

"바로 이 맛이야"

가난했던 우리의 아픔이 우리의 입맛이 되어버린 것이다. 나이가 들기 전에 형성됐던 기억은 나이가 들어도 웬만하면 변하지 않는다. 그런 궁핍한 입맛의 기억이 맛의 기준으로 자리를 잡아버린 것이다.

미국도 처음부터 그렇게 재료를 충분히 써 가면서 빵과 과자를 만든 것은 아니다. 세대를 거듭하면서 조금씩 변하다가 현재의 이 맛으로 변경된 것 뿐이다. 사실 단 맛은 세계적인 추세이다. 이후에 한국과자에도 이 초콜릿의 함량이 점점 높아져 갔다. 더 첨가하기 힘든 한계점이 있어 보이기도 하지만, 한국도 다음 세대에선 초콜릿의 함량이 더 높아질 가능성이 많다.

하지만 가난했던 우리의 아픔이 건강에 대해선 오히려 현명했었다. 주목받는 음식들을 개발하고 지속적으로 생산하기 위해 생산자는 소비자의 미각이 결코 잊지 못할 강한 유혹의 맛을 사용하는데 전혀 주저하지 않는다. 시간이 흐르면 더 강한 맛을 함유하면서 동시에 더 싸고 더 매혹적인 재료로 정도를 더해간다. 새롭게 개발되는 화학첨가제는 사용금지조항이 재정되기 전에 이미 오랜 기간 동안 음식에 투여된다. 그 이후 금지조항이 집행된다 하더라도 단속을 벗어나는 새로운 화학첨가제는 벌써 만들어져 대기하고 있는 상태이다. 죽음을 초래할 정도로 비참하게 가난한 것이 아니라면, 가난한 시절이었기 때문에 먹을 수 밖에 없었던 가공되지 않은 음식들이 오히려 의도하지 못했던 현명함을 보여 주었다. 그 현명함이 차라리 그리울 정도다.

삶은 속해 있는 환경에 따라 그 궁색함과 부요함을 결정하는 기준이 있다. 그 기준은 해석되는 방향에 따라 요동하는 가변성을 초월할 수 없다. 과거의 어리석음이 오늘의 현명함으로 변하는 사례를 우린 주기적으로 목격한다. 음식의 변화는 막을 수 없는 다양성으로 뻗어 나가고 있다. 그 자체로는 바람직하고 아름다운 것이다. 하지만 그렇게 진행되는 방향성에 대해선 한 번쯤은 심각하게 고민할 필요가 있지 않을까.

감기약 1

몇가지 간단한 질문을 드리겠습니다. 지금은 상식화 되어서 많은 분들께서 이미 알고 계시겠지만요. 질문 드리죠.

"감기약이 감기바이러스와 싸울 수가 있나요?"

'아니요' 라고 생각하신다면,

"그럼 누가 그 바이러스와 싸울 수 있을까요?"

'백혈구' 라고 대답하셨다면,

"그럼에도 불구하고 왜 감기약을 먹어야 하는지요?"

올라간 체온도 내려야 하고 기침도 멈추고 눈물과 콧물도 멈춰야 하니까요 라고 생각하신다면, 그러면 …

"체온이 올라가면 무조건 나쁘고 또한 기침을 하고 눈물과 콧물이 흐르는 것도 나쁜 증상이라고 잘라 말할 수 있나요?"

위 질문에 대해서는 더 구체적으로 말씀드리지요.

우리 신체의 뼈속에는 골수가 들어있습니다. 이 골수의 중요한 역할 중에 하나가 혈액을 만드는 기능입니다. 백혈구도 혈액의 한 가지 중요한 요소이지요. 그런데 이 혈액은 우리 몸의 체온이 섭씨 38.9~40℃ 상태에서 15분에서 20분이 지나면 더욱 빠른 속도로 만들어지게 됩니다. 결국 감기바이러스와 싸울 수 있는 것이 이 백혈구이기 때문에, 이런 백혈구를 더 많이 만들어 내기 위해 몸은 뜨거워지는 선택을 하게 되는 것이지요. 그렇게 체온이 올라가게 되면 골수는 단위 시간당 백혈구를 더 많이 생산해 낼 수 있게 되는 것입니다.

또한 생존을 위한 병원균들의 최적 온도는 대체적으로 사람의 체온과 비슷한 범위를 이루게 됩니다. 그래서 사람 몸 속에서 잘 생존할 수 있는 것이지요. 달리 말하면 인간의 체온이 올라가면 올라갈수록, 그 와는 반대로 병원균들의 생존은 뜨거운 몸 안에서는 어려워진다는 이야기입니다.

"그럼 감기약을 먹고 올라간 체온이 정상으로 내려오면 이것은 좋은 것일까요? 아님 나쁜 것일까요?"

이미 몸속에 침투해서 번식을 하면서 인체의 세포를 잡아먹고 있는 바이러스를 백혈구는 가능하면 끝까지 추격해서 박멸시키려고 합니다. 이 과정에서 바이러스도 많이 죽겠지만, 백혈구도 마찬가지로 죽게 됩니다. 이러한 죽은 전사자들의 폐기물이 인체 내에 남아 있게 되면 독소로 작용될 수도 있지요. 그래서 우리 몸은 기침과 재채기로 그리고 눈물 콧물로 이러한 것들을 체내 밖으로 끊임없이 내어버리려고 하고 있습니다. 이 때 살아있는 바이러스도 같이 몸 밖으로 밀어버릴 수가 있지요.

"만약 감기약을 먹고 기침과 재채기 그리고 눈물과 콧물이 그쳤다면 이것이 과연 감기에서 회복되었다는 것을 의미할 수 있을까요?"

위의 두 질문에서 모두 "나쁜 것이다", "아니다"라고 대답하셨다면,

"그럼에도 불구하고 왜 우리는 계속 감기약을 먹어야 하는 것이죠?"

결론적으로 위의 질문들은 감기의 증상을 나쁜 것으로 보고 그 증상을 없애는 것을 최적의 치료방법으로 보는 견해와, 감기의 증상을 필요한 것으로 보고 그 증상을 돕는 것을 치료방법으로 보는 견해의 차이를 보여준 것입니다.

21세기, 인공지능의 세계를 살아가는 인류가 아직도 병에 대한 해석에서 자유롭지 못하다는 것을 여전히 보여주고 있는 가장 평범한 보기 중 하나일 듯 싶습니다.

감기약 2

감기약 1을 정리하면 다음과 같습니다.

감기의 증상을 나쁜 것으로 보고 그 증상을 없애는 것을 치료 방법으로 보는 견해 - 1

감기의 증상을 필요한 것으로 보고 그 증상을 돕는 것을 치료방법으로 보는 견해 - 2

첫 번째의 치료적 관점을 '이종요법(Allopathy)'이라고 통상 부릅니다. 증상을 없애기 위해서는 증상과 반대가 되는 치료를 해야 되기 때문에 다른 종류의 치료라는 뜻으로 그렇게 불리워지고 있고요. 증상에 맞대어 치료한다는 의미로 '대증요법'이란 말로도 쓰입니다.

두 번째의 치료 관점은 '동종요법(Homeopathy)'이라고 널리 알려져 있습니다. 그러니까 증상과 오히려 같은 치료를 해야 한다는 의미로 '동종'이라 명명됩니다.

현대의 의학은 많은 부분에서 이종요법의 길을 가고 있다고 해도 과언이 아닙니다. 그러한 질병엔 그런 증상이 나타나니 이런 약을 복용하면 그 증상이 사라진다는 논리적 주장을 하고 있지요.

반면 동종요법에서는 그 증상은 그 병을 고치기 위한 자생적인 노력이니 가만히 놔두거나 오히려 비슷한 그런 치료법을 사용해야 한다는 논리를 펼칩니다. 물론 모든 질병에 대한 증상과 치료를 이 두가지 관점으로 모두 설명할 수는 없습니다. 그러나 질병을 바라보는 관점을 정립하는 데 있어서 이처럼 근원적인 질문을 찾아 보기도 쉽지 않습니다.

단지, 어느 부모가 감기에 걸린 어린 자녀에게, 동종요법을 너무 신봉한 나머지 그 어떤 약도 먹이지 않고 있다가, 혹 그 아이가 죽었다고 한다면, 그 부모는 마땅히 해야 할 치료를 하지 않은 과실로 인정되어 사회적 처벌을 받게 될 것입니다. 그 아이가 약을 먹지 않아서 죽었는지 아니면 또 다른 이유가 있었는지는 중요하지가 않지요. 하지만 반대로 모든 약을 제때에 정확히 먹였다고 한다면, 혹 그 아이가 죽었을지라도, 부모는 일단 할 수 있는 일을 다 했기 때문에 아이의 죽음은 어쩔 수 없는 것이었다고 세상은 이야기할 것입니다. 이런 상황에서, 이종요법은 과학적인 판단기준으로 적용된 것이 아니라, 그냥 사회적인 통념으로서 용납되는 것이지요. 사실, 기득권적 접근방식이라 말하지 않을 수 없습니다. 보통의 사람들에게 '감기에는 감기약'이라는 공식은 거의 세뇌에 가까운 관습이 되어 버렸지요. 여기에는 복잡한 정치 경제적 상황들이 긴 역사

속에서 각 집단의 이권에 따라 자리매김한 부분이 상당합니다.

이런 의미에서 상식이라는 것은 논리적으로 얻어지는 것이 아니라, 오랜 세월 대를 거듭해서 관습과 생활 속으로 서서히 파고 들면서, 그것이 과학적이든 비과학적이든 상관없이 그냥 절대적인 실행 규칙으로 자리 잡은 것을 의미하는 것이지요.

감기약 3

"그럼 감기약은 백해무익한, 쓸데없는 것일까요?"

병균과의 전쟁에서 승리하기 위해 신체는 고열을 일으키지만 장기적으로 고열이 계속되면 그에 따르는 신체손상도 가능하게 됩니다. 자주 거론되는 것이 '경기'입니다. 어린아이의 몸이 고열에 방치되면 성장중인 뇌세포가 열에 대한 과민반응을 보이면서 경기를 일으킬 수도 있습니다.

또한 우리 몸은 효소의 작용으로 작동되기 때문에 효소의 활성이 무척 중요합니다. 효소는 단백질이 주성분이기 때문에 온도에 영향을 받게 되어 있습니다. 정상 체온 범위에서 효소는 가장 활성도가 뛰어나며 체온을 넘어서게 되면 급격히 그 활성이 떨어집니다. 고열이 오래 지속되면 곧 효소활성저하로 이어지며 그 감소치만큼 신체에 문제가 생길 수가 있는 것이지요. 이런 면에선 고열은 조절되어야 합니다.

그래서 다시 감기약을 먹어야 한다고 주장하게 되면 결국 원점으로 복귀하게 되는 것입니다. 역시 중요한 것은 균형이라 할 수 있습니다. 그러나 처음부터 그 균형을 위해서 감기약이 개발된 것은 아니기 때문에 서로 다른 곳으로 향하는 극한의 두 가지 방법을 두고 그 합일점을 찾는 것이 앞으로의 숙제라고 할 수 있겠습니다.

과거 군사정부 시절, 그 무력적 정치력을 통해 한국은 아주 저렴한 의료보험 시대를 열었습니다. 힘의 논리 앞에 의료계가 굴복을 한 것이지요. 이런 의미에선 총칼의 힘이 좋을 때도 있습니다. 반면 미국의 오바마 대통령은 미국시민의 의료비 부담을 덜기 위해 부단한 노력을 했지만, 미국 의료계는 그렇게 호락호락하지 않았습니다. 그 '오바마 케어'는 아직도 극복해야 할 많은 문제점을 안고 있습니다.

한국은 총칼의 힘으로 국민을 위한 저가 의료비 시대를 열었지만, 부족한 수입을 메꾸기 위해 대신 불필요한 약처방이 남발되었습니다. 따라서 국민들은 각종 항생제에 찌들어가야만 했습니다.

감기는 가장 흔한 질병 중 하나이기 때문에 다른 어떤 질병보다도 객관성을 유지하기 쉬운 위치에 있었지만, 인류는 아직도 경제적 이권 때문에 감기의 진실을 보는 시야를 놓치고 있습니다.

자생력의 극대화를 추구하지만 동시에 자생하기 힘든 상황을 객관적으로 판단하여 '동종'하면서도 '이종'할 수 있는 처방을 지금부터 라도 시작하면 우리 후손들은 더 지혜롭게 신체를 돌볼 수 있지 않을까요?

공부 부작용

혹사당한 육체의 이미지는
노예를 연상시킨다
그럼 혹사당한 뇌는 무엇을 의미할까

우선 '적당한'이라는 단어의 뜻을 정확히 정의해 보겠습니다. '적당한'이란 단어가 "적당히 해라"에서처럼 '대강'이라는 뜻으로 조금은 부정적으로 쓰일 수도 있지만, 사실 '가장 적합한', 그러니까 더도 아니고 덜도 아닌 '가장 완벽한 정도'를 표현할 때 '적당한'이란 단어를 쓸 수가 있습니다. 그렇다면!

'적당한 노동은 건강을 약속하지만, 혹사당한 육체는 죽음을 재촉한다'는 이 말에 동의할 수 있으신지요? 아마도 아무 저항감 없이 상식선에서 동의하셨을 겁니다. 그럼, '적당한 공부는 정신 건강을 약속하지만, 혹사당한 뇌는 정신의 파멸을 불러온다'란 말에도 동의할 수 있으신지요.

파멸까지는 아니더라도 적당한 공부의 양에서 과하면 과할수록 성격적 결함으로 돌출할 가능성이 있지는 않을까요? 물론 공부를 열심히 하는 것은 기본적으로 바람직한 생활의 자세입니다. 하지만 개인의 특성에 따라 공부의 깊이와 폭은 다양합니다. 안타깝게도 우린 고학력사회가 요구하는 그 기준에 모두가 진입하려 하다 보니 그 자신만의 '적당함'을 놓쳐버리고 말았습니다. 지식사회로 갈수록 너무 교만하다거나 심하게 이기적이거나 하는 보편적 현상을 이런 관점에서 바라보는 것이 과연 지나치다 할 수 있을까요.

건강 시스템

건강 정보 시스템이 공유되면
건강을 담보로 진행 되었던
지배적 사회구조를 개혁할 수 있다

대략 2050년 전 후 쯤으로 추정해 보자. 한 사십대 중년 남자의 일상 중 하나이다. 그 중년 남자는 며칠 째 속이 계속 더부룩하다. 왠지 모를 공포감이 엄습한다. 이렇게 오랫동안 불편한 적이 없었기 때문이다. 갑자기 오래전에 스마트폰에 깔아 두었던 건강검진 앱이 떠올라 그 앱을 열었다. 앱이 원하는 기본 개인정보는 자동으로 선택할 수 있다. 간단하게 증상만 더 입력하였다. 그러자 '집근처, 회사근처, 3의 장소'중 하나를 선택하라 한다. 회사근처를 선택하니 가까운 순서대로 열 가지 장소가 약속가능 시간과 함께 스크린에 나타난다. 그 중 한 곳을 선택하니 검사를 위한 기본적 주의사항과 십분 이상 늦게 도착하면 자동 취소 된다는 문구가 뜬다.

같은 시간 누군가의 앱이 울린다. 그 누군가가 열어놓은 개인 일정 시간에 한 환자가 들어왔다는 알림 기능이다. 확인을 누르니 장소와 시간 그리고 방금 전 그 환자의 신상명세가 올라온다.

약속한 날짜가 되었다. 그 두 사람이 한 클리닉에서 만났다. 한 사람은 '환자'로 다른 한 사람은 '검사자'로 말이다. 그 장소는 전혀 붐비지도 않고 그 두 사람만 있는 듯 조용하다. 정확한 방문 일정이 잘 지켜지도록 앱을 통해 주기적으로 확인시켜 주기 때문이다. 실시간 교통시스템을 예측하여 현재 있는 장소에서 병원으로 출발할 시간을 미리 알려주기 때문에 병원에 늦지 않도록 해 주기도 하지만, 너무 일찍 도착해 오래 기다리게 하는 것도 방지할 수 있다. 허비되는 시간을 최소화 하여 환자를 병원으로 안내한다. 간단한 활력징후 측정 후에 혈액과 소변을 채취하고 위내시경 검사로 들어갔다. 모든 검사 내용은 바로 녹음된다. 내시경검사 시에 입안으로 투입되는 검사 튜브는 이전과 다르게 쇠 젓가락 정도로 가늘다. 신체 자극도 최소화되어 검사 시 동반되었던 불쾌감 역시 아주 미약하다. 검사 과정도 몇가지 사람의 손길이 필요한 기본 동작 외에는 모든 것이 인공지능에 의해서 수행된다. 모든 검사 정보가 제대로 입력된 것이 확인되자 검사자는 환자에게 돌아가도 좋다라는 말을 하면서 결과는 한 시간 내에 앱을 통해 통보된다고 덧붙인다.

환자가 검사 종료에 서명하자, 세 명의 의사의 스마트폰이 울린다. 방금 전 환자의 검사기록이 세 명의 의사에게 송출된 것이다. 소변과 혈액검사 그리고 3차원 영상으로 녹음된 모든 기록들은 이미 컴퓨터를 통해 예상 질병들이 후보군으로 올라와 있는 상태이다. 그 질병을 최종 확인하기 위해 세 명의 의사 의견이 필요할 뿐이다.

컴퓨터가 진단한 다섯가지의 질병이 우선순위로 이미 정리 되었지만 한 명의 의사는 이 중 첫 번째와 세 번째를, 또 한 명의 의사는 첫 번째만을 그리고 마지막 의사는 첫 번째와 두 번째를 우선순위로 확진하였다. 컴퓨터의 예측과 다르지 않으니 컴퓨터는 세 명의 의사에게 반론을 제기하지 않고, 바로 그 진단과 처방을 환자에게 보냈다.

그 세 명 중 두 명의 의사는 재택근무를 하는 의사들이었다. 재택근무이긴 하지만, 선명한 화질로 그 기록 내용을 자기 집에서 정확히 확인할 수 있다. 병원에서 근무하는 것 이상으로 정확성을 보조할 첨단 소프트웨어가 개인 컴퓨터에 장착되어 있기 때문이다. 경우에 따라 스마트폰으로도 정확한 진단을 내릴 수 있다. 간혹 상호 너무 상이한 진단 결과로 인해 세 명의 의사들이 대립되는 경우도 있다. 나름의 소신을 발휘하다 보면 그런 일이 생긴다. 이런 경우 시스템은 해당 질병과 관련된 다른 전문의들의 의견을 자문하게 된다. 때론 초기 세 명의 의사가 열두 명으로 늘어나기도 한다. 시스템은 발생할 수 있는 모든 의료과실을 최소화하는 방향으로 설계되어 있기 때문이다. 종전의 진단의 상식을 깨는 어느 의사의 돌발적 진단이 감지되면 그 위험성을 줄이기 위해 관련된 그 의사의 이전 진단 기록과 새로운 최신 자료들을 우선 순위로 그 의사에게 충분히 제공한다. 돌발적 진단을 내린 그 의사의 변론을 듣기 전에 숙고할 수 있는 모든 가능성을 제공하는 것이다. 아주 드물게 그 돌발적 진단이 맞는 경우도 있다. 시스템은 상식을 깨는 그런 진단에도 결코 소홀한 법이 없다. 그 모두가 정확한 진단과 치료를 목적으로 개발된 이 시스템의 특성 때문이다. 모두가 이 방식에 익숙해지고 있다. 간편하고 저렴하고 정확하기 때문이다.

기업에 의해 이 시스템이 가동된다면 환자의 진단비는 환자의 구좌에서 의사들의 구좌로 수수료 공제 후 자동 이체된다. 하지만 정부가 이 시스템을 운영하는 것이 좋다. 실비용이 부과되기 때문에 정도의 차이는 있을지언정 병원비 부담으로 진단을 미루는 서러움은 없기 때문이다. 오히려 낮아진 비용으로 잦은 진단의 기회가 발생하여 수요는 늘어나게 되며, 시스템 운영이 정부 주도로 이루어지기 때문에 터무니 없는 진단비 청구는 불가능해 진다. 사실 이 시스템 자체가 빈익빈 부익부의 현상을 막고 있다. 아프기 때문에 건강을 담보로 발생하는 한 계층으로의 강제적 자본 이동을 막을 수 있기 때문이다. 그리고 무엇보다 진단하는 인공지능의 오진율이 세 명의 의사의 오진율을 밑돈지 오래다. 그리고 그 차이는 갈수록 커진다. 많은 의사들이 재택의 편함을 택하던가 아님 검사자로 직종을 바꾸는 추세다. 풀타임으로 환산하면 오히려 검사자의 수입이 재택의사 보다 더 많다. 검사자는 진단의 의무가 없다. 단지 기계가 원하는 결과를 도출하기 위해 정확히 기계 작동을 수행하면 된다. 도출된 결과를 병리학적으로 추론하는 것은 이미 인공지능이 많은 분야에서 그 분야 최고의 의사들을 초월한지 오래다. 단지 섬세함을 요구하는 진단 기술과 외과적 수술에 있어서 인간의 손길을 대체할 로봇의 출현을 기다리고 있을 뿐이다. 종전 의사의 역할은 사라져간다. 아직 영글지 않은 로봇공학의 공백을 '검사자'의 친절함이 잠시 인기 직종으로 자리를 잡는다.

그리고 한 세대가 더 흘렀다. 전통적 의과대학은 사라진지 오래되었다. 그 뒤를 이어 의학정보를 검사하고 평가하는 빅데이터 관리자들과 의용공학자들이 그 자리를 이었다.

과거엔 오직 영화관련 직종 종사자만이 특수 촬영의 놀라움을 이해할 수 있었다. 그 이후 컴퓨터 그래픽이 막 시작되었을 때에는 10여분짜리 CG를 만들기 위해 국가예산을 투입해야 할 정도로 고비용의 사업이었다. 그러나 지금은 무료 앱을 통해 누구나 간단히 자신만의 CG를 만들고 소유한다.

수 세대를 거듭하여 얻어진 질병에 관한 방대한 정보를 한 계층이 독식하지 않고 공유의 개념으로 이해하여 소득분배의 원칙으로 그에 따른 이윤을 서로 나누게 되면, 인류는 조금 더 상식적인 행복을 소유할 수 있을 것이다. 과거처럼 경제적 보상을 위해 의과대학에 들어가려 했던 악착스러운 경쟁적 인생의 태도가 개인에게 잠재된 행복의 가치를 직업을 통해 확인하려 하는 탐구와 공유의 자세로 서서히 바뀌어 갈 것이다.

정보는 결합하기 힘든 두 얼굴을 가졌다. 그것은 '보안'과 '공유'라는 극복하기 힘든 대립적 현상을 의미한다. 하지만 이 현실적 모순을 뛰어 넘어 균형의 조화로움에 다가설 수록 정보는 행복의 도구로 자리잡을 수 있을 것이다.

에필로그

인식은 탄생하고 각인되며 질주한다.

인간의 혜윰

반복되는 본능의 삶만이 있었을 것이다

망각될 수 없는 영혼의 분주함
처음엔 이것이 아련히 꿈틀거렸다

그 분주함으로 지치게 될 때
생각한다는 사실을 깨닫는다
인식이 탄생하는 순간이다

그 탄생의 순간에
필연적으로 동반되는 공포
미래를 두려워하는 긴장감으로
역사는 시작된다

역사는 인식과 더불어
두려움을 안은 채

그걸 대비하는 방법을 찾아
망각과 투쟁하며 버텨온
전승된 혜윰이다

두려움의 극복은
동일한 터전을 두고
상반된 모순을 품고
예견된 투쟁으로 몰아친다

피로 얼룩진
인류 역사의
존재론적 의구심

누구도 답할 수 없는
목적을 향한 그 이유

혜윰은 여전히 꿈틀거린다

인간의 굴레

열정어린 심정으론 본질이며 순리이다
진심어린 근심에선 분열이며 낭비이다

심정으로 봤던 이는 투쟁하고 피토한다
근심으로 막던 자도 투쟁했고 피토했다

길이라 말하나 가본적 없던 길
안전타 하지만 동일한 삶의 길

인식이 싹틀즘 시작된 간절한 본성
그리고 역사가 돼버린 지루한 일상

존재와 소유의 이율 배반
끊임없는 저울질
모순에 허덕인 고된 기억

고달픈 모두에게
실존을 위한 소유는
진리가 되기 위한 몸부림으로
소유를 향한 실존과
언제나 투쟁한다

버거워했던
필연의 모순을 삼키고
허기진 서러운 굴레를
각인하면서

인간의 갈망

이성이 감성을 자각했다
본능의 이유를 말소하기 위해
기억할 수 있는 생활로 질주한다

내가 아닌 남을 움직여야 살 수 있다
절규하는 힘으로 정복해야 내가 산다
전쟁의 시작이다

노예를 만드는
움직임의 법칙
이것이 삶의 원천이었다

그 원천에 토해버린 혈흔…

기계가 노예를 밀어냈다
육체노동이 소멸돼 가며

정신노동의 즐거움에 침몰한다

내가 아닌 남을 지시해야 살 수 있다
앞선 지식으로 제압해야 내가 산다
선행이 유행한다

순위로 결정되는
지식의 보편성
이것이 삶의 상식이었다

그 상식으로 폐색된 호흡…

회로가 암기를 밀어낸다
학습노동이 소멸돼 가면
창조적 공상에 골몰하게 된다

인간이 아닌 남을 가져야 살 수 있다
초월한 능력을 소유해야 내가 산다
시간을 수축한다

공간을 초월하려는
존재론적 고민

이것은 생의 한계이다

그 한계적 생의 종착지...

영원은 존재의 안식처
존재의 의구심은
영원으로 질주한다

공간을 지쳐 하며
가능성에 목말라 하는
무한을 향한 갈망

시간을 뛰어넘어
존재의 궁극으로 달려가는
안식의 그리움

예언자의 시대가 모두에게 보편화되는 그날을 향해서...